编 委 会

主　编

杨　莹　孙燕琳

编　委

傅思泉　周新新

郑云心　罗穗燕　郭珊珊

Editorial Committee

Chief Compilers

Yang Ying   Sun Yanlin

Members

Fu Siquan   Zhou Xinxin

Zheng Yunxin   Luo Suiyan   Guo Shanshan

New HSK Vocabulary Graded by Frequency

新HSK 汉英 分级分频词汇

5级

杨莹　孙燕琳　主编

SinolinguA
华语教学出版社

First Edition 2024

ISBN 978-7-5138-2484-2

Published by Sinolingua Co., Ltd
24 Baiwanzhuang Street, Beijing 100037, China
Tel: (86) 10-68320585 68997826
Fax: (86) 10-68997826 68326333
http://www.sinolingua.com.cn
E-mail: hyjx@sinolingua.com.cn
Facebook: www.facebook.com/sinolingua
Printed by Tangshan Xicheng Printing Co., Ltd

Printed in the People's Republic of China

前　言

为了帮助考生顺利通过新汉语水平考试（HSK），提高汉语词汇水平，我们根据2021版《新汉语水平考试大纲》《国际中文教育中文水平等级标准》（以下简称《标准》）和历次新汉语水平考试真题，有针对性地策划了“新HSK分级分频词汇”系列丛书。

本丛书依据《标准》三等九级的要求，包含初等（1～3级）、中等（4级）、中等（5级）、中等（6级）和高等（7～9级）共五册。我们将首先推出汉英版，后陆续推出汉法、汉西、汉俄、汉阿、汉日、汉韩、汉泰等多个语种版本。本丛书以历次新汉语水平考试真题词汇出现频率为依据，共收录大纲词汇及新标准词汇1万余个。这些词汇通过数据库分频准确地统计出出现次数，并按照其出现的高低频次进行编排，便于考生确定科学合理的记忆顺序，从而快捷高效地掌握核心词汇。

作为一套考试词汇用书，本丛书具有以下几个方面的特点：

1. 数据库科学分频，记忆顺序合理。本丛书打破了按字母顺序罗列大纲词汇的传统做法，以历次真题词汇出现的频率作为统计依据，对历次真题词汇进行精确统计和分析，按照词频高低进行排列，为考生在记忆词汇过程中分配时间和安排记忆顺序提供了科学依据。

2. 汉字、拼音、词性、释义布局合理。本丛书对每条词汇下的各项内容进行了精心布局，更符合学生记忆、背诵需要，无需借用外物遮挡释义记忆中文词汇，遮挡拼音记忆汉字。本书设计时在初等（1～3级）分册中不仅增加了拼音，还加入了汉字笔顺，以帮助学生在初级阶段学写汉字时准确地掌握书写笔顺。

3. 短语搭配、例句贴近真题，科学、实用。每个词汇有若干短语搭配和1～2个例句，均贴近真题语言，可以帮助考生适应真题，了解真题考点，将词汇的记忆与考试科学地结合起来。

特别需要提醒的是，超高频和高频词汇固然重要，但还有很多真题中仍未出现的“低频”大纲词汇需要考生注意，将来的试题很可能会特殊“关照”一下这类词汇。

对于多音字词和同形字词，本丛书均按照其在《新汉语水平考试大纲》中出现的方式（根据注音或词性的不同而区分成不同的词）编排设计，考生不必为这些特殊词汇烦恼，按部就班地学习即可。

最后，祝愿所有考生能够借助本丛书科学地记忆汉语词汇，顺利通过新汉语水平考试！

Preface

To help students in enhancing their Chinese vocabulary and in passing the HSK test, the series titled *New HSK Vocabulary Graded by Frequency* has been compiled. It is based upon the *Chinese Proficiency Test Syllabus 2021*, the Chinese Proficiency Grading Standards for International Chinese Language Education (hereinafter abbreviated as the "Standards"), and the test papers of the HSK examinations.

This series adheres to the "Standards" in its design of levels. It consists of five volumes: one Elementary Volume (Levels 1-3), three Intermediate Volumes (Levels 4, 5, and 6), and one Advanced Volume (Levels 7-9). The Chinese-English version will be published prior to other bilingual versions, including Chinese-French, Chinese-Spanish, Chinese-Russian, Chinese-Arabic, Chinese-Japanese, Chinese-Korean, and Chinese-Thai versions. Incorporating over 10,000 words and expressions, the series is based upon the test syllabus and the "Standards", emphasizing terms based on their frequency in HSK examinations. Using a database, the exact number of times each word appears is tabulated, shaping the sequence within the books. By setting the reasonable memory sequence for students, this approach aids them in promptly and efficiently learning key terms.

The series, as a set of vocabulary books tailored for the HSK examinations, has the following features:

1. It breaks the traditional way of listing the syllabus vocabulary in alphabetical order by giving an accurate count and analysis of the words and expressions that have appeared on the past HSK tests and sequencing them based on their frequency of appearance to provide a methodical basis for students to allocate their time and highlight the emphases when it comes to mastering these vocabulary words.

2. It provides a reasonable layout for Chinese characters, pinyin, part-of-speech and English explanations. These items under each vocabulary entry are meticulously designed to make it more convenient for students to memorize the new words; they don't need anything to cover the English explanations while trying to remember the words, nor do they have to cover the pinyin as they learn the Chinese characters. Besides pinyin, the Elementary Volume (Levels 1-3) includes the stroke orders of Chinese characters to help students better understand the stroke orders in the early stage of character learning.

3. Phrase collocation and practical sample sentences closely following the structure of those in real tests are provided. Each entry is accompanied by phrases and one or two sample sentences that are quite similar in language style to those in HSK examinations. Hence the students can easily adapt to the real tests and obtain a deeper understanding of the key test points. In this sense, vocabulary memorization will directly yield good examination results.

While "super high frequency" and "high frequency" vocabulary words are admittedly of great importance, there are still many "low frequency" vocabulary words that are required by the test syllabus but have never appeared in HSK examinations before. Students should be alerted to these words, as it's likely that in future examinations, such words and expressions may appear in tests.

Furthermore, polyphonic and polysemic words are organized according to the *Chinese Proficiency Test Syllabus*, offering students clarity on these special words.

In conclusion, we hope this series will be instrumental in aiding students in mastering Chinese vocabulary and achieving success in the HSK examinations.

超高频词汇

项 xiàng *m.w.*

(measure word for project, sports, etc.)

一项规定 / 一项内容 / 一项发明

❶乒乓球最开始其实是英国人发明的一项饭后运动。

❷电灯是一项伟大的发明，它为人类带来了光明和便利。

次 cì *m.w.*

(measure word for time)

一次会谈 / 去过几次日本

❶他们不是第一次见面。

❷上次多亏了你的积极配合。

便 biàn *adv.*

so, then

回来便好

❶邻居新买了一架钢琴，我们家便多了一些不安静。

❷财主正在陪客人聊天，他怕客人知道自己不识字，便假装在看信。

人生 rénshēng *n.*

life

人生的道路 / 把握住自己的人生

❶你们只有不断地捡拾“柴”，才能使人生不断加温，最终让生命沸腾起来。

❷你们无法预测自己人生的道路会是什么样的。

如何 rúhé *pron.*

如何回答 / 身体如何 how

❶太多的机会，往往使人不知如何选择。
❷你昨天去健身房了吗？感觉如何？

目标 mùbiāo *n.*

树立目标 / 目标远大 target, goal

❶一个有奋斗目标的人永远不会感到精神空虚。
❷如果你有了目标，那么就努力去实现吧。

对方 duìfāng *n.*

忘了对方的名字 / 打败对方 other side, counterpart

❶我们俩谁也没能说服对方。
❷他思维敏捷，谈吐锋利，驳得对方哑口无言。

某 mǒu *pron.*

某年 / 某月 / 某天 / 某人 some, sb. or sth. indefinite

❶去年的某一天，他给我打了个电话。
❷古时候，某人想向一个财主借牛，于是便请人给财主送去一封借牛的信。

所 suǒ *m.w. & part.*

(measure word for houses, small buildings, institutions, etc.; particle used before a verb to form a noun phrase)

一所高校 / 所知所想

❶ 我被一所名牌大学录取了。

❷ 人物画所表现的是人与人、人与社会的关系。

方式 fāngshì *n.*

说话的方式 / 重要方式 / 方式特别 way, style

❶ 关于付款方式，合同里规定了吗？

❷ 握手是沟通思想、交流感情、增进友谊的重要方式。

取消 qǔxiāo *v.*

成功取消 / 取消订单 / 被取消 cancel

❶ 我可以取消这个订单吗？

❷ 你的比赛资格已经被取消了。

文件 wénjiàn *n.*

一份文件 / 整理文件 / 文件夹 document, file

❶ 王经理还在等着看这份文件呢，我必须马上给他送过去。

❷ 你帮我看一下，我昨天带回家的那份文件是不是在沙发上？

装 zhuāng *v.*

假装 / 装作 / 装满 / 装水 fill, pretend

❶ 老师拿了一个大玻璃瓶子到教室，瓶子

超
高
频

里装着满满的石头、玻璃碎片和沙子。
❷小偷装得若无其事，不露一点儿马脚。

保持 bǎochí *v.*

努力保持 / 保持乐观 / 保持安静 keep, hold

❶我们要是能永远保持年轻那该多好。
❷图书馆内要保持安静。

表现 biǎoxiàn *v.*

突出的表现 / 表现优秀 / 表现形式 show, behave

❶这幅画所表现的是画家对故乡的热爱之情。
❷他在工作中表现得十分突出。

处理 chǔlǐ *v.*

灵活处理 / 处理问题 / 尽快处理 / 处理好了 handle

❶她善于处理各种紧急情况。
❷遇到问题我们应该灵活处理。

产生 chǎnshēng *v.*

已经产生 / 产生影响 / 产生问题 come into being, produce

❶父母的一言一行都会对孩子产生影响。
❷对待同一件事，不同的人有不同的心态，因而也就有可能产生不同的结果。

过敏 guòmǐn *v.*

皮肤过敏 / 海鲜过敏 / 过敏源 / be allergic

过敏药 / 过敏了

❶我对花粉过敏。
❷您好，我吃海鲜过敏了，请问应该看哪个科？

合同 hétong *n.*

公司合同 / 合同法 / 一份合同 contract

❶我们已经按照合同上规定的日期发货了。
❷他跟房东签了一年的合同，年底才到期呢。

价值 jiàzhí *n.*

有价值 / 重要的价值 / 价值观 value, worth

❶在帮助别人的过程中我们会发现自己的价值，会有一种成就感。
❷很多时候最佳目标并不是最有价值的那个，而是最有可能实现的那个。

善于 shànyú *v.*

善于运动 / 善于沟通 be good at, be adept in

❶她善于和孩子们打交道。
❷少数人属于自用人才，这种人大多可以成为老板，他们善于扬长避短，能独立创造一个属于自己的舞台。

调整 tiáozhěng *v.*

重新调整 / 调整状态 / 认真调整 adjust

❶我们调整一下开幕式时间吧，现在定的时间太早了，我担心一部分嘉宾不能准时到。

❷股票市场正面临着新的调整。

享受 xiǎngshòu *v.*

好好享受 / 享受生活 / 享受美食 enjoy

❶我喜欢在沙滩排球场上，半躺在沙滩椅中，头顶着蓝天，脚下踩着软软的细沙，吹着海风，享受那份惬意。
❷爷爷也该好好享受他的退休生活了。

则 zé *conj.*

不进则退 while (used to express contrast)

❶欲速则不达。
❷有则改之，无则加勉。

产品 chǎnpǐn *n.*

新产品 / 农产品 / 产品设计 goods, product

❶公司的产品最近卖得特别好。
❷这种产品针对的主要是中老年消费者。

称 chēng *v.*

被称为 / 称作 / 称重 call, weigh

❶国画，也称“中国画”，是中国传统绘画。
❷请帮我称一下这些苹果。

创造 chuàngzào *v.*

努力创造 / 创造奇迹 / 创造财富 create

❶从某种角度来说，“懒”既能成为一种创造的动力，还能提高生产效率。
❷你要想成功，创造奇迹，仅仅做到尽力而为还远远不够，必须用尽全力才行。

观察 guānchá *v.*

仔细观察 / 观察动物 / 观察日记 observe, watch

❶在研究黑猩猩的过程中，动物学家观察到那只黑猩猩曾多次向其同伴示意附近有香蕉。
❷你们要学会从不同的角度观察事物。

失去 shīqù *v.*

不再失去 / 失去兴趣 lose

❶目光太远，容易使人失去信心。
❷那些很喜欢看电视的孩子会对学习失去兴趣，导致学习成绩下降。

充满 chōngmǎn *v.*

充满快乐 / 充满笑声 be full of, be filled with

❶老师脸上灿若朝阳的微笑给了孩子更多的宽容，让孩子在成长的路上充满自信并富有创造力。
❷这时她听到楼上充满了笑声，她好奇地上楼去看。

发表 fābiǎo *v.*

最新发表 / 发表小说 publish, issue (a statement)

❶这篇小说是什么时候发表的？
❷这位诗人写了不少的诗，也有了一定的名气，可是，她还有相当一部分诗没有发表，也无人欣赏。

设计 shèjì *v. & n.*

产品设计 / 设计的方案 design; plan

❶这种产品是专门为男性设计的。
❷你的方案设计得非常详细。

投资 tóuzī *v. & n.*

商业投资 / 投资失败 / 需要投资 invest; investment

❶欢迎来我市投资建厂。
❷经常有人跟我说他们很想投资，就是没钱。

项目 xiàngmù *n.*

娱乐项目 / 项目经理 / 一个项目 project, sports event

❶每到端午节，我们这里都要举行民间传统的水上体育娱乐项目——赛龙舟。
❷我的那个科研项目领导已经同意了，批下来了。

犹豫 yóuyù *v. & adj.*

十分犹豫 / 犹豫不决 hesitate; hesitant

❶明天有个讲座，我在犹豫要不要去听。
❷他显得十分犹豫。

不断 búduàn *adv.*

不断增加 / 不断进步 constantly

❶我们要不断提高自己的文化修养。
❷西红柿是世界上种植十分普遍的蔬菜，中国作为主要生产国之一也在不断扩大它的种植面积。

出色 chūsè *adj.*

remarkable, outstanding

表现出色 / 出色的方案 / 出色的人

❶他长大后成了一名出色的工程师。
❷他设计的这个方案非常出色。

道理 dàolǐ *n.*

reason, principle

很好的道理 / 有道理 / 讲道理

❶很多父母在教育孩子时常常有自己的主张，而且都非常有道理。
❷你说话很有道理，我完全同意。

服装 fúzhuāng *n.*

clothing, costume

设计服装 / 服装行业 / 服装和饮食

❶他的妈妈从事服装行业。
❷时尚关系到生活的每个方面，包括服装、饮食、日用品等一切可以向别人展示的东西。

力量 lìliàng *n.*

power, strength

强大的力量 / 力量大 / 有力量

❶人民的力量是无穷的。
❷他们居然这么快就干完了，看来还是人多力量大。

实现 shíxiàn *v.*

realize, achieve

真正实现 / 实现愿望 / 实现梦想

❶她的愿望基本上都实现了。
❷理想只是成功的开始，一个人的成功要在行动中才能实现。

食物 shíwù *n.*

丰富的食物 / 食物丰盛 / 分配食物 food

❶他把食物分配给了每一个士兵。
❷一张大大的圆桌子上面摆满了丰盛的食物。

思考 sīkǎo *v.*

独立思考 / 思考问题 reflect on, ponder over

❶如果你光做不思考，光学不思考，是不会有所进步的。
❷你们一定要学会独立思考。

意义 yìyì *n.*

特殊的意义 / 意义不大 / 有意义 meaning, significance

❶她的那段经历有很特殊的意义。
❷人为什么会做梦，梦又有什么意义，人类思考了近千年也还没有找到答案。

运气 yùnqi *n.*

很好的运气 / 靠运气 / 运气很好 luck, fortune

❶你的运气真好，中了头奖。
❷一个人能否成为优秀的人，基本上是可以自己做主的，能否在社会上获得成功，还需要靠运气。

出席 chūxí *v.*

要出席 / 出席会议 / 出席活动 attend

❶她要邀请专家出席这次学术讨论会。
❷他答应出席明天的开幕式。

沟通 gōutōng *v.*

善于沟通 / 沟通方式 communicate

❶陈老师经常和我们沟通，帮助我们解决学习中的困难。
❷在我看来，老板没有糟糕的，关键在于你如何去和他进行沟通。

规模 guīmó *n.*

生产规模 / 规模很小 / 规模很大 scale, scope

❶这是一个规模很小的食品公司，生产资金只有十几万。
❷工厂要缩小生产规模。

欣赏 xīnshǎng *v.*

非常欣赏 / 欣赏节目 / 无人欣赏 appreciate, enjoy

❶领导非常欣赏他的才华。
❷我们一边欣赏新房一边称赞他家装修的艺术品味。

修改 xiūgǎi *v.*

需要修改 / 修改文章 / 修改的意见 amend, revise

❶小王，报告我已经看完了，有些地方还需要修改一下，我把意见写在旁边了。

❷对方说合同有点儿问题，还需要再修改一下，可能得等明天了。

造成 zàochéng *v.*

造成痛苦 / 造成浪费 bring about, cause

❶汽车不仅耗费了大量的能源，对环境也造成了非常严重的破坏。
❷这次火灾造成了重大的经济损失。

珍惜 zhēnxī *v.*

非常珍惜 / 懂得珍惜 / 珍惜时间 cherish

❶我们要珍惜时间。
❷人要懂得珍惜。

单位 dānwèi *n.*

新的单位 / 一家单位 / 单位的同事 work unit

❶最近他怎么老在单位吃饭呢？
❷有一位青年去求职，应聘了几家单位都被拒之门外，他感到十分沮丧。

反应 fǎnyìng *n. & v.*

没反应 / 反应很大 / 反应速度 reaction; react

❶打印机好像坏了，我按半天了，一直都没反应。
❷小王经验丰富，反应特别快，您放心吧。

忽视 hūshì *v.*

被忽视 / 忽视过程 neglect, ignore

❶成人似乎更注重功利和结果，忽视过程和细节。

❷这么重要的民生工程不应该被忽视。

角度 jiǎodù *n.*

不同的角度 / 角度特别　angle, perspective

❶大部分时候，仅仅是换一种心情，换一个角度，便可以从困境中走出来。
❷我们一定要学会从不同的角度观察事物。

面对 miànduì *v.*

勇敢面对 / 面对困难　confront, face

❶面对困难，我们不应该逃避，应该积极地想办法解决。
❷面对所有的冷嘲热讽，少年一笑了之。

片 piàn *m.w.*

(measure word for scenario, sound, land, area of water, etc.)

一片树叶 / 一片面包

❶秋天到了，一片片树叶飘落下来。
❷前面有一大片梅树林，梅子特别多，又甜又酸，到时你们吃个痛快。

情绪 qíngxù *n.*

人的情绪 / 改善情绪 / 情绪不好　feeling, sentiment

❶据说适当地改变穿衣风格，可以帮助人们改善情绪。
❷心理学家们对颜色与人的情绪之间的关系进行了大量研究。

市场 shìchǎng *n.*

破坏市场 / 股票市场 / 市场管理 market

❶现在市场上所谓的健康食品其实并没有统一的标准。
❷海鲜市场上，到处是刚刚捕捞的鱼虾。

受伤 shòushāng *v.*

心灵受伤 / 受伤的脚 / 受伤了 be hurt, be injured

❶微笑能够温暖受伤的心。
❷他的脚受伤了。

细节 xìjié *n.*

追求细节 / 一个细节 / 很多细节 detail

❶小事成就大事，细节成就完美。
❷过分追求细节，往往很容易错失本来可以到手的机会。

糟糕 zāogāo *adj.*

真糟糕 / 糟糕透了 terrible

❶糟糕，我明天还得去学校。
❷真糟糕，飞往纽约的航班取消了。

涨 zhǎng *v.*

上涨 / 涨工资 rise

❶银行的利息涨了。
❷丝绸的价格涨了近两倍。

高频词汇

传统 chuántǒng *adj.*

优秀传统 / 尊重传统 / 传统节日 traditional

❶春节是中国的一个传统节日。
❷孝敬老人是中华民族的传统美德。

发挥 fāhuī *v.*

正常发挥 / 发挥作用 bring into play

❶压力太大，往往很难发挥出正常的水平。
❷尽管方便快捷的"网络阅读"已经成为一种生活时尚，但纸质阅读仍然发挥着巨大的作用。

发票 fāpiào *n.*

一张发票 / 开发票 invoice

❶货到付款，支票或现金都行，确认到账后才能开发票。
❷您那儿有大一点儿的信封吗？我想把这些发票装起来。

方案 fāng'àn *n.*

出色的方案 / 执行方案 / 方案设计 plan, program

❶这个设计方案获得了批准。
❷校长正在拟定学校的教改方案。

根本 gēnběn *adv.*

根本没来 / 根本没有 simply, at all

❶这个世界上根本就没有完美的人和事。
❷多问多思是求得学问的根本途径。

培养 péiyǎng *v.*

努力培养 / 培养感情 cultivate, train

❶养宠物有助于培养我们的爱心和责任感。
❷尊重、鼓励和赞许是对孩子最大的信任，也是培养孩子自信心的前提。

高频

软件 ruǎnjiàn *n.*

安装软件 / 设计软件 / 软件开发 (computer) software

❶王经理，他是来应聘软件开发工程师的。
❷我的笔记本电脑装不上这个软件，你能帮我看看吗？

时期 shíqī *n.*

春秋时期 / 特殊时期 / 一段时期 period

❶青年，是人生中生命力最旺盛的时期，也是最富想象力、精力最充沛的时期。
❷沈括是北宋时期非常有名的科学家。

完美 wánměi *adj.*

非常完美 / 完美结合 / 完美的作品 perfect

❶这个世界上没有绝对完美的作品。
❷峨眉山是美丽的自然景观与悠久的历史文化的完美结合。

雾 wù *n.*

大雾 / 雾灯 / 有雾 fog, mist

❶ 本来她连飞机票都买好了，可是因为大雾，航班取消了，所以她只好坐火车过来了。
❷ 由于有大雾，所有航班目前都不能起飞。耽误了您宝贵的时间，非常抱歉！

预订 yùdìng *v.*

预订房间 / 预订机票 place an order, reserve

❶ 我们公司年底开年会，想在你们这里预订一个宴会厅。
❷ 我打算下个月去成都旅游，我正在预定机票和酒店。

中旬 zhōngxún *n.*

六月中旬 middle ten days of a month

❶ 本来以为这个月中旬可以完成，现在看要等到月底了。
❷ 我们把聚会时间定在了下个月中旬。

把握 bǎwò *n. & v.*

有把握 / 把握角色 grasp; be sure

❶ 他对角色的把握令所有人佩服。
❷ 王经理，那两个项目咱们有把握拿下吗？

差距 chājù *n.*

缩小差距 / 差距很大 difference, gap

❶ 正是因为理想和现实有差距，人们才会珍惜理想。
❷ 如何评价教师的教学水平，两位校长在看法上有很大差距。

高频

高频

充分 chōngfèn *adj.*

不够充分 / 很充分 / 充分的理由　sufficient, full

❶最近工作特别忙，准备得不充分，等下一届再说吧。
❷要充分利用人生——人生短促，很快就会消逝。

辞职 cízhí *v.*

提前辞职 / 辞职回家　resign

❶她早就辞职了，听说现在在医院上班。
❷她上个月辞职了，可能是自己开公司了。

结账 jiézhàng *v.*

现金结账 / 去结账　pay the bill, settle accounts

❶这个柜台的机器坏了，请您到旁边那个柜台去结账。
❷请问您是用现金来结账吗？

老板 lǎobǎn *n.*

一位老板 / 老板的要求　boss

❶那件事给了我们老板很大的启发。
❷有位老板在一家高档酒楼请客。

临时 línshí *adv.*

临时有事 / 临时取消　at the time when sth. happens

❶他临时有事情，所以就由我来做吧。
❷原本定在周四下午召开的会议因临时有事取消了，改在周五上午。

录取 lùqǔ *v.*

成功录取 / 被录取 / 录取通知书 — recruit, enroll

❶ 我被一所名牌大学录取了。
❷ 他人品好，能力强，却没被公司录取，真可惜。

明显 míngxiǎn *adj.*

目标明显 / 明显的结果 — clear, obvious

❶ 房子、车子的压力对于“80 后”的影响一天比一天明显。
❷ 很明显，读者还是更喜欢传统的阅读方式。

目前 mùqián *n.*

目前看来 / 目前的看法 — present time

❶ 到目前为止，这场比赛还难分胜负。
❷ 就目前看来，火星是最有可能成为人类第二家园的地方。

拍 pāi *v.*

拍手 / 拍照 — take (a photograph)

❶ 全班同学拍手欢迎新同学的到来。
❷ 我喜欢拍照。

人才 réncái *n.*

法律人才 / 培养人才 / 人才市场 — talented person

❶ 一个优秀的团队总是需要各种各样的人才。

❷你身边有酒店管理方面的人才吗？

属于 shǔyú *v.*

不属于 / 属于集体 belong to

❶美丽属于自信者，从容属于有备者，奇迹属于执着者，成功属于顽强者。

❷科学的未来只能属于勤奋且谦虚的年轻一代！

高频

现象 xiànxiàng *n.*

一个现象 / 少见的现象 phenomenon, scene

❶有个城市为解决垃圾问题买了许多垃圾桶，但由于人们不愿意使用垃圾桶，乱扔垃圾的现象仍然很严重。

❷在各种流星现象中，最美丽、最壮观的要数流星雨现象。

信任 xìnrèn *v.*

非常信任 / 值得信任 / 信任他 trust

❶谢谢领导们的信任，我一定会尽全力做好的。

❷你越是邀请老板多参与你的工作，他越觉得你是值得信任的。

宣传 xuānchuán *v.*

积极宣传 / 宣传广告 / 宣传图 publicize

❶为了推广这款产品，他们做了大量宣传。

❷在公司生产的辣酱上市之前，老总准备做广告宣传。

员工 yuángōng *n.*

新员工 / 员工宿舍 / 一名员工 staff, employee

❶ 研究者发现，那些在适度健身的管理者手下工作的员工，他们的日子似乎要轻松得多。

❷ 我们目前需要招聘一些新员工。

主动 zhǔdòng *adj.*

主动性 / 主动联系 on one's own initiative

❶ 在生命的道路上，没有一个人可以完全不依靠别人而独立生活，先主动伸出友谊的手，你会发现原来周围有这么多的朋友。

❷ 人生如一局棋，应该多一些主动的出击，少一些消极的退缩。

避免 bìmiǎn *v.*

难以避免 / 避免错误 / 避免问题 avoid, avert

❶ 别人的优点，你未必学得来；但别人的缺点，你可以避免。

❷ 保持低调，才能避免树大招风，才能避免成为别人进攻的靶子。

博物馆 bówùguǎn *n.*

一个博物馆 / 参观博物馆 / 博物馆门口 museum

❶ 西安有着中国最大的博物馆。

❷ 博物馆内必须保持安静。

程度 chéngdù *n.*

很大程度 / 不同的程度 degree, level

❶当我们发现那些比自己优秀的人也有许多弱点时，过去对他抱有的对立情绪就会消失，甚至还会产生某种程度的亲切感。
❷“疾”是指不容易觉察到的小病，如果不及时采取有效措施，就会发展到可见的程度，便称为“病”。

高频

导致 dǎozhì *v.*

导致错误 / 导致故障 cause, lead to

❶懈怠会引起无聊，无聊会导致懒散。
❷天气原因导致蔬菜价格上涨了许多。

个人 gèrén *n.*

个人资料 / 个人原因 individual

❶他因为个人原因辞职了。
❷要填很多个人资料吗？麻不麻烦？

喊 hǎn *v.*

大喊 / 哭喊 / 喊叫 shout, cry out

❶这个孩子跑到山上，对着山谷喊了一声。
❷孩子大喊：“你为什么不告诉我？”

好奇 hàoqí *adj.*

非常好奇 / 好奇心 curious

❶小宝贝对世界充满好奇。
❷天才之所以成天为天才，是因为有一颗可贵的好奇心，不要害怕迷路，最可怕的是，你没有探路的心。

合作 hézuò *v.*

与您合作 / 期待合作 / 合作愉快 cooperate

❶感谢您出席今晚的宴会，希望今后我们能够加强合作。
❷导演，您别客气，能与您合作我们感到非常荣幸。

划 huá *v.*

row, make strokes with one's arms

用力划 / 划船

❶赛龙舟是中国民间传统的水上体育娱乐项目，多在喜庆节日举行，是一种多人集体划桨的竞赛。
❷她觉得非常紧张，双手发软，无力继续划动，游泳的节奏全被打乱了。

家庭 jiātíng *n.*

美好的家庭 / 家庭聚会 / 家庭责任 family, household

❶他渴望有一个幸福的家庭。
❷家庭是一个温馨的港湾。

捡 jiǎn *v.*

收捡 / 捡起来 / 捡东西 collect, pick up

❶我们去海边捡贝壳吧。
❷阿姨从路边捡起一块小石头。

进步 jìnbù *v.*

飞快进步 / 进步很大 make progress

❶一年之内，你可以进步这么大！

❷如果你光做不思考，光学不思考，是不会有所进步的。

精神 jīngshen *n. & adj.*

很有精神 / 精神不好 vigor; spirited

❶我丈夫的精神一直不太好，现在睡觉时间更少了。
❷你爸爸穿西装显得更精神了。

高频

灵活 línghuó *adj.*

很灵活 / 灵活处理 flexible, nimble

❶写诗贵在能够灵活，灵活才能日新月异。
❷遇到问题要学会灵活处理。

领导 lǐngdǎo *v. & n.*

好领导 / 领导的意见 / 领导团队 lead; leader

❶他接电话的方式与态度让老板相信他可以领导好客服部。
❷我们领导非常关心下属。

秘书 mìshū *n.*

一名秘书 / 秘书的工作 secretary

❶秘书工作就是这样，必须随时准备着应对各种可能发生的变化。
❷李秘书，那个合作方案做得怎么样了？

人类 rénlèi *n.*

勇敢的人类 / 人类生存 humanity, human race

❶科学家用自己的发明创造造福于人类。

❷早在一个多世纪以前的小说里，人类就开始在火星上散步了，然而直到今天，这还只是个幻想。

人员 rényuán *n.*

相关人员 / 工作人员 / 人员表 staff, personnel

❶销售人员需要敏锐的洞察力。

❷科研人员既要有严肃严密和严格的学风，又要有敢想敢干和敢闯的精神。

深刻 shēnkè *adj.*

印象深刻 / 深刻的印象 / 深刻的教训 profound, deep

❶北京给她留下了非常深刻的印象。

❷这件事给了他深刻的教训。

失眠 shīmián *v.*

预防失眠 / 失眠严重 / 失眠了 suffer from insomnia

❶去除光照刺激，减少卧室光线，对预防失眠有特别大的帮助。

❷醋还可以治疗失眠，失眠者睡觉前喝点儿加醋的水，很快就能睡着。

始终 shǐzhōng *adv.*

始终不来 / 始终觉得 always, from beginning to end

❶无论老太太如何挑苹果的毛病，卖苹果的始终面带微笑、不急不躁地解释。

❷我始终觉得杀毒软件免费是大趋势，这是市场竞争的必然结果。

高频

收获 shōuhuò *v. & n.*

很大的收获 / 有收获 / 收获成功 harvest; rewards

❶ 那个勤劳、善良的农民收获了一个好大好大的西瓜。

❷ 勤奋是一个人取得成功的重要因素，所谓“一分耕耘，一分收获”。

手术 shǒushù *n.*

心脏手术 / 做手术 / 完成手术 surgical operation

❶ 大夫，这种手术大概需要多久？

❷ 做心脏手术是有一定的风险的。

手续 shǒuxù *n.*

办理手续 / 入住手续 / 手续复杂 procedure, formality

❶ 办理营业执照的手续比我想的简单多了。

❷ 请出示一下您的身份证，我马上给您办理入住手续。

挑战 tiǎozhàn *v. & n.*

巨大的挑战 / 挑战极限 challenge; challenge

❶ 总裁，这个项目对我们而言挑战太大了，我们都有点儿想放弃了。

❷ 企业家刚才的表现使记者大感意外，不知不觉中，原来的那种挑战情绪完全消失了，甚至产生了一种同情。

退休 tuìxiū *v.*

退休人员 / 退休生活 retire

❶虽然我已经退休很久了，但人不是应该“活到老学到老”吗？

❷你爸已经退休了吧？

胃 wèi *n.*

人类的胃 / 胃疼 stomach

❶胃是重要的消化器官。

❷我的胃有点儿不舒服。

稳定 wěndìng *adj. & v.*

保持稳定 / 情绪稳定 / 稳定的工作 stable; stabilize

❶你现在的工作很稳定，辞了挺可惜的。

❷据说蓝色能起到稳定血压、减轻紧张感的作用。

显得 xiǎnde *v.*

显得好看 / 显得很有礼貌 seem, appear

❶他显得十分疲惫。

❷夜静得像一潭水，似乎所有的生灵都已经睡了，一切显得那么静谧。

心理 xīnlǐ *n.*

心理医生 / 心理活动 / 心理健康 mentality, psychology

❶书中描写了那个年代各式各样的人物，作者通过细节来表现人物的心理，让你清清楚楚地看到人物性格的各个方面。

❷不同颜色会给人的情绪带来不同影响，使人的心理活动产生变化。

寻找 xúnzhǎo *v.*

努力寻找 / 寻找原因 seek, look for

❶从绝望中寻找希望，人生终将辉煌。
❷我决定去远方寻找快乐。

高频

询问 xúnwèn *v.*

询问建议 / 询问价格 inquire

❶爸爸经常向老师询问我在学校的表现。
❷老师询问大家对教学有什么要求。

营养 yíngyǎng *n.*

有营养 / 营养不良 / 营养丰富 nutrition, nourishment

❶绿茶中的营养成分具有杀菌消炎、防衰老，以及防癌抗癌等特殊功效。
❷玉米具有极高的营养价值。

掌握 zhǎngwò *v.*

熟练掌握 / 掌握知识 master, control

❶一个成熟的人能够掌握让自己快乐的钥匙，他从不期待别人给他快乐，反而能将快乐与幸福带给别人。
❷把生活掌握在自己手中，而非让生活来掌握你。

智慧 zhìhuì *n.*

人类的智慧 / 有智慧 wisdom, intelligence

❶ 冷静思考的能力是一切智慧的开始。
❷ 他以惊人的毅力和智慧为我们公司的发展立下了汗马功劳。

不如 bùrú *v.*

be inferior to, had better

❶ 病人望着窗外飞舞的落叶，身体状况一天不如一天。
❷ 你与其为自己的胆小而担心，还不如利用这个特点，想办法增加自己的才能。

冲 chōng *v.*

飞快地冲 / 冲过去 / 冲奶粉

dash, pour boiling water on

❶ 比赛一开始，我就奋力地向目标冲去。
❷ 宝宝是饿了吧？你去给她冲点儿奶粉吧！

充电器 chōngdiànqì *n.*

手机充电器 / 充电器坏了 / 没有充电器

battery charger

❶ 我手机没电了，你的充电器在吗？借我用一下吧！
❷ 充电器在抽屉里。

从事 cóngshì *v.*

从事某工作 / 从事多年

undertake. be engaged in

❶ 他们从事服装行业很多年了。
❷ 我想从事有挑战的工作，而且我非常喜欢跟人打交道。

地区　dìqū　*n.*

北方地区 / 这个地区　area, region

❶在沙漠地区，每当太阳露面，气温就会急剧升高，地表开始发烫。
❷沿海地区经济发达，人口稠密。

幅　fú　*m.w.*

(measure word for paintings, photos, cloth, etc.)

一幅画儿 / 一幅书法作品

❶你觉得在客厅里挂几幅字画儿怎么样？
❷那幅画儿是世界上最长的画儿。

公平　gōngpíng　*adj.*

很公平 / 不公平 / 追求公平 / 公平竞争　fair

❶学习是一件最公平的事，只有真正地为它付出了，你才能收获累累的果实。
❷时间老人毫不吝啬，对每一个人是公平的，不给你多一分，也不给他多一秒。

股票　gǔpiào　*n.*

投资股票 / 买股票 / 股票市场　share, stock

❶不要用短期周转资金去炒股票。
❷投资股票要切实了解公司的经营情况，不可被一些不实数字所蒙骗。

缓解　huǎnjiě　*v.*

有效缓解 / 缓解疲劳　alleviate, ease up

❶日常生活中喝点儿醋可以有效缓解疲劳。
❷深呼吸有助于缓解紧张情绪。

简历　jiǎnlì　*n.*

个人简历 / 简历表　Curriculum Vitae (CV)

❶你的简历我们已经看过了，你这周四中午能过来面试吗？
❷许多公司不会保留应聘者的简历。

教练　jiàoliàn　*n.*

舞蹈教练 / 找教练 / 教练证　coach, instructor

❶我那时没有请教练，看着别人滑雪，觉得一点儿也不难。
❷教练已经让小王代替他参赛了。

靠　kào　*v.*

靠着门 / 靠自己 / 靠运气　rely on

❶成功要靠自己努力争取。
❷他能有今天的成就，全靠朋友们的帮助。

空间　kōngjiān　*n.*

私人空间 / 空间很大　space

❶我非常喜欢你的这个设计方案，把阳台和卧室打通，这样空间一下子大了许多。
❷所谓私人空间，就是指我们身体周围的一定的空间，在这个空间里，一旦有人闯入，我们就会感到不舒服，不自在。

利用　lìyòng　*v.*

充分利用 / 利用技术　make use of

❶合理利用自然资源，防止环境污染和生态破坏。
❷一般人只想着如何度过每一天，而聪明

高频

的人总是在利用时间。

论文 lùnwén *n.*

写论文 / 毕业论文 / 论文题目 paper, treatise

❶我昨天把毕业论文交上去了，你呢？
❷你的那篇论文怎么样了？老师怎么说的？

满足 mǎnzú *v.*

非常满足 / 满足了 / 满足愿望 satisfy, meet

❶把钱花在自己喜好的事情上，如果实在是难以兼顾的话，就先满足重要的方面，在其他方面牺牲一下。
❷她说："只要能读遍你家藏书，我就满足了。"

企业 qǐyè *n.*

一家企业 / 企业管理 / 企业家 company, enterprise

❶企业文化的本质应该是"人性化"。
❷他的企业管理学得怎么样了？

晒 shài *v.*

很晒 / 晒太阳 dry in the sun, sunbathe

❶这盆花两天浇一次水，一般就放在阳台上，让它多晒晒太阳。
❷我在床上都躺了好几天了，我想出去走走，晒晒太阳。

蔬菜 shūcài *n.*

一种蔬菜 / 吃蔬菜 / 蔬菜水果 vegetable

❶ 有些蔬菜里有维生素A，有些蔬菜里有维生素B，而有的蔬菜里有维生素C……吃蔬菜不仅能让你的身体健健康康，还能让你的脸变得红润起来。
❷ 土豆是一种蔬菜。

套 tào *m.w.*

一套文具 / 两套衣服 / 几套家具 set, suite

❶ 我们这儿有一套新出版的教材，而且还带光盘，非常适合初学者。
❷ 这三个年轻人合租了一套公寓。

推荐 tuījiàn *v.*

热情推荐 / 推荐信 recommend

❶ 我要快递一个包裹到北京，给我推荐一个好的快递公司吧。
❷ 多亏了您给我推荐的药，效果非常好。

微笑 wēixiào *n. & v.*

面带微笑 / 幸福的微笑 / 微笑服务 smile; smile

❶ 微笑可以温暖一个人受伤的心。
❷ 父母的一个微笑，老师的一句夸奖，朋友一个羡慕的眼神，都足以让小孩子高兴一天。

相似 xiāngsì *adj.*

很相似 / 相似之处 similar

❶ 蔬菜和水果通常含有大量维生素，虽然它们在营养成分和健康效果上有许多相似之处，但又各有特点。

高频

❷年年岁岁花相似，岁岁年年人不同。

行动 xíngdòng *v. & n.*

采取行动 / 正确行动 / 行动开始 act; action

❶遇到地震时切忌恐慌，我们要沉着冷静，迅速采取正确行动。

❷现实中，有的人总是因为怀疑计划不够准确而迟迟不能开始行动。

高频

虚心 xūxīn *adj.*

虚心请教 / 虚心接受 modest

❶虚心可以使人进步。

❷我们要虚心接受他人的意见。

主人 zhǔrén *n.*

有主人 / 房子的主人 master, host

❶车里除了司机，还有车的主人——无人不知的百万富翁。

❷小狗朝主人不停地摇着尾巴。

安慰 ānwèi *adj. & v.*

需要安慰 / 安慰朋友 reassuring; console

❶很多时候，一个拥抱比什么安慰的话都温暖。

❷我的同事小王失恋了，我刚才在电话里安慰她呢。

表情 biǎoqíng *n.*

奇怪的表情 / 表情复杂 expression

❶孩子们专注听讲的表情使我快乐，给我

鼓励。
❷一个人脸上的表情往往反映了他的心态。

从而 cóng'ér *conj.*

thus, thereby

❶学校开展了多种多样的课外活动，从而扩大了学生的知识面。
❷有福之人是那些抱有美好的企盼从而灵魂得到真正满足的人。

打喷嚏 dǎ pēntì

一直打喷嚏 / 打了（一）个喷嚏 sneeze

❶他感冒了吗？怎么一直在打喷嚏。
❷经济全球化让世界各国成为一个密切联系的整体，一个国家“打喷嚏”也许会导致很多国家“感冒”。

对待 duìdài *v.*

平等对待 / 对待他人 / 认真对待 treat

❶乐观地对待失败，成功就会向你招手。
❷对待生命要认真，对待生活要活泼。

工厂 gōngchǎng *n.*

一个工厂 / 新的工厂 / 工厂老板 factory

❶糟糕，我明天还得去工厂加班。
❷工厂要扩大生产规模，需要新进一些设备，你和李经理尽快商量一下这事。

工具 gōngjù *n.*

交通工具 / 很多工具 / 工具箱 tool, instrument

高频

❶汽车是现代人最常用的交通工具，大部分人出行时都会选择开车或者坐车。
❷如果有人向我借工具，我会立刻借给他。

合理 héli *adj.*

非常合理 / 价格合理 / 合理的要求 rational, reasonable

❶椅子摆这儿，明显不合理。
❷这款酒红色的空调是今年夏天卖得最好的，外观时尚，价格也合理。

高频

话题 huàtí *n.*

共同的话题 / 讨论话题 topic

❶亲情是人类永恒的话题。只要我们生活在世间，或者说只要我们还活着，我们就离不开亲情。
❷交流需要有共同的话题。

婚礼 hūnlǐ *n.*

一场婚礼 / 婚礼的日期 wedding ceremony

❶你明天就穿这身去参加妹妹的婚礼啊？
❷婚礼的日期定下来了吗？

记录 jìlù *v.*

记录下来 / 记录在案 record, note down

❶童年的日记本记录着我儿时的每一天。
❷《清明上河图》这部作品记录了北宋都城汴京清明时节的日常社会生活。

经营 jīngyíng *v.*

努力地经营 / 经营公司 plan and manage, run

❶经营企业就是经营人心。
❷小陈一直在经营一家酒吧。

精力 jīnglì *n.*

集中精力 / 精力不多 energy, vitality

❶适度紧张有利于学生集中精力完成考试。
❷每个人的精力和时间都是有限的，在这有限的时间里，我们真正能专心去做的事情并不是很多。

控制 kòngzhì *v.*

自动控制 / 控制电脑 / 控制不住自己 control

❶当移动电话工作时，它所发射的无线电波会影响到飞机上的设备和控制系统。
❷一股无法控制的愤恨的情绪在我心里翻腾。

乐观 lèguān *adj.*

很乐观 / 不乐观 / 乐观的态度 optimistic

❶一般情况下，红色象征乐观、热情，能使人情绪热烈、饱满。
❷乐观的态度能给我们带来好运。

年纪 niánjì *n.*

年纪很大 / 年纪大了 age

❶村里人看到愚公这么大年纪还在搬山，都非常感动，也来帮助他们。
❷他年轻时特别喜欢运动，爱打篮球、踢足球，现在年纪大了，他才开始喜欢上钓鱼。

批 pī *m.w.*

新一批学生 / 第三批录取名单 group, batch

❶第一批录取名单上有我的名字。
❷我想确认一下，那批货明天可以送到吧？

勤奋 qínfèn *adj.*

特别勤奋 / 勤奋努力 / 勤奋的学生 hardworking, diligent

❶天才在于积累，聪明在于勤奋。
❷勤奋是一个人获得成功的重要因素。

全面 quánmiàn *adj.*

全面要求 / 全面的介绍 / 全面的信息 comprehensive, overall

❶他们已经围绕这个项目制订了一个比较全面的计划。
❷《舌尖上的中国》让观众从饮食文化的角度，比较全面地认识了传统的和变化着的中国。

缺乏 quēfá *v.*

缺乏维生素 / 缺乏信任 be short of, lack

❶他的理由缺乏说服力。
❷"羊群心理"是指投资者追随大众的想法和行为，缺乏自己个性及主见的投资状态，也叫作"群居本能"。

确定 quèdìng *v.*

确定下来 / 不确定 / 确定人数 determine, define

❶出席明天下午会议的人员确定了吗？
❷一旦确定了目标，就应尽一切可能努力培养达成目标的充分自信。

善良 shànliáng *adj.*

很善良 / 善良的人 / 善良的孩子　good and honest, kind-hearted

❶善良是一种纯洁的心地，善良是一种良好的意愿，善良是一种美好的境界。
❷她又温柔又善良，而且脾气也好。

设备 shèbèi *n.*

新设备 / 设备管理　equipment, facilities

❶工厂要扩大生产规模，需要新进一些设备，你和李经理尽快商量一下这事。
❷这批设备的运输费用是由你们来承担的吗？

时尚 shíshàng *adj.*

很时尚 / 时尚大赛　fashionable

❶简单生活引领时尚，回归自然返璞归真。
❷本届时装设计大赛的主题是青春、时尚。

实习 shíxí *v.*

实习生 / 实习日记 / 在实习　be at an internship

❶她快要毕业了，一边写论文一边在公司实习。
❷小王在一家出版社实习，做图书编辑方面的工作。

高频

数据 shùjù *n.*

调查数据 / 数据分析 data

❶网络上的数据包罗万象，几乎你想得到的东西都可以找得到。
❷全部数据都已经被删除了。

随时 suíshí *adv.*

随时随地 / 随时准备 / 随时需要 at any time

❶我们一般是下午发货，在这之前，您可以随时取消订单。
❷如果有问题，你可以随时问我。

突出 tūchū *adj.*

表现突出 / 突出特点 / 突出成就 prominent, outstanding

❶川菜的突出特点是麻和辣。
❷他的工作表现非常突出。

温暖 wēnnuǎn *adj.*

很温暖 / 气候温暖 / 温暖的故事 warm

❶那里温暖湿润，四季分明，雾天较多，一年四季都可以去玩。
❷在大部分人看来，刀使人想到敌人或武器，因而不可以出现在友好、温暖的餐桌上。

下载 xiàzài *v.*

正在下载 / 下载软件 / 下载失败 download

❶我正在下载一个软件，马上就下完了。
❷我下载了一个软件，就是这个，你用过吗？

宴会 yànhuì *n.*

一场宴会 / 宴会开始 / 宴会地点 — banquet, feast

❶宴会上，山珍海味，应有尽有。
❷明天的宴会定在哪儿了？

摇 yáo *v.*

摇头 / 摇尾巴 — shake

❶小狗一直朝主人摇尾巴。
❷老李摇摇头，说："不，勇敢是一种优点，而胆小是另一种优点。"

依然 yīrán *adv.*

依然热爱 / 依然喜欢 — still, as usual

❶世上只有一种英雄主义，就是在认清生活真相之后依然热爱生活。
❷大雪过后，松树依然青翠挺拔。

勇气 yǒngqì *n.*

生活的勇气 / 很有勇气 — courage, valor

❶我非常佩服她的勇气。
❷那些士兵的勇气挺让人佩服的。

优势 yōushì *n.*

很大的优势 / 有优势 — superiority, advantage

❶我们在人数上占绝对优势。
❷你觉得你有什么优势？

责备 zébèi *v.*

受到责备 / 老师的责备 / — blame, reproach

责备他

❶那位胖女士责备道:“我最恨它了!”
❷虽然没有受到老板的责备,但他心里还是很失落。

着凉 zháoliáng *v.*

容易着凉 / 着凉了 catch a cold

❶她一上午打了好几个喷嚏,是不是着凉了?
❷我好像是有点儿感冒,估计是昨晚着凉了。

争取 zhēngqǔ *v.*

努力争取 / 争取进步 try to, strive for

❶我们争取吃晚饭前到家。
❷非常感谢你,我争取明天还你。

岸 àn *n.*

上岸 / 海岸 / 岸边 shore, bank

❶岸上有一个大水车。
❷爷爷带着孙子去沙滩散步,看见许多海星被潮水冲到岸上。

摆 bǎi *v.*

摆满鲜花 / 摆手踢腿 / 摆弄 put, wave

❶她发现了一张大大的圆桌子,上面摆满了丰盛的食物。
❷老爷爷摆摆手,说:“不用了,西瓜送给他们,我还赚个轻松,要是推回去,明天不新鲜了,又不好卖了。”

办理　bànlǐ　*v.*

办理业务 / 办理成功　conduct, handle

❶先生，您好，请问您需要办理什么业务？
❷妈妈带我到学校办理入学手续。

包裹　bāoguǒ　*n.*

托运包裹 / 检查包裹　package

❶妈妈给我寄来一个大大的包裹，里面都是家乡特产。
❷您检查一下包裹，如果没有任何问题，请在这儿签个字。

部门　bùmén　*n.*

生产部门 / 部门经理　department, branch

❶这个部门主要负责产品的推广。
❷咱们部门去春游的事定了，下周六去。

采访　cǎifǎng　*v.*

正在采访 / 采访老师 / 采访观众　interview

❶他经常采访各国政要。
❷近日，一位记者去采访一位企业家，目的是想获得他的一些丑闻资料。

曾经　céngjīng　*adv.*

曾经做过 / 曾经来过　once

❶人们曾经把西红柿当作有毒的果子，直到18世纪，人们才发现它的食用价值。
❷我们曾经在一起，如今却咫尺天涯。

高
频

达到 dádào *v.*

达到目标 / 达到效果 reach, achieve

❶ “慢工出细活”，这里的“慢”并不意味着低效率，而是指按计划一步步进行工作，才能达到好的效果。

❷ 我不管你用的是什么办法，只要能达到目的就行！

等待 děngdài *v.*

耐心等待 / 等待机会 wait for

❶ 大家紧张地等待着比赛结果。

❷ 很多事情操之过急并不能达到目的，有时候耐心等待，到恰当时机再努力，反而会获得成功。

发达 fādá *adj.*

经济发达 / 发达的国家 developed, flourishing

❶ 那里景色优美，经济发达，文化教育事业繁荣，从古至今都是理想的居住地。

❷ 四川省是中国茶馆文化最发达的地区之一。

反复 fǎnfù *adv.*

反复练习 / 反复多次 repeatedly, over and again

❶ 鲁迅先生写文章总是反复修改，仔细推敲。

❷ 大丈夫说一不二，决不能反复无常。

反映 fǎnyìng *v.*

反映情况 / 反映问题 / 真实地反映 reflect

❶植物的年轮不仅可以反映植物的生长状况，还可以反映环境条件的变化。
❷一个人脸上的表情往往反映了他的心态。

分析 fēnxī *v.*

数据分析 / 分析问题 / 认真地分析 analyze

❶任何问题只要被发现了，在认真分析、思考后，总能找到相应的解决办法。
❷按我的分析，他只要发挥正常，进前三名绝对没问题。

风格 fēnggé *n.*

特别的风格 / 很有风格 / 风格不同 style

❶她有自己的穿衣风格，总是能让人眼前一亮。
❷王经理，网站的风格我又稍微调整了一下。

风险 fēngxiǎn *n.*

有风险 / 风险很大 / 手术风险 risk

❶做心脏手术是有一定的风险的。
❷投资股市风险很大。

改善 gǎishàn *v.*

不断地改善 / 改善条件 improve

❶适当地选择衣服，有助于人们改善情绪。
❷运动可以帮助人们改善情绪。

古代 gǔdài *n.*

中国古代 / 古代的故事 / 在古代 ancient times

高频

❶花木兰是中国古代的一位女英雄。
❷在古代，“疾”与“病”的意思不相同。

观点 guāndiǎn *n.*

我的观点 / 错误观点 / 观点片面 opinion, viewpoint

❶他的观点与正统观念格格不入。
❷一个既能坚持自己观点又能认真倾听他人意见、理解并尊重他人的人，一定能赢得更多尊重。

高频

广泛 guǎngfàn *adj.*

广泛使用 / 兴趣广泛 widespread, extensive

❶成功的科学家往往是兴趣广泛的人，他们的独创精神来自他们的博学。
❷对有的人来说，兴趣广泛不一定是件好事。

国庆节 Guóqìng Jié *n.*

今年的国庆节 / 国庆节到了 National Day

❶马上就到国庆节了，国庆节放假你准备做什么呢？
❷国庆节到了，大街小巷彩旗飞扬，一派喜庆气氛。

果然 guǒrán *adv.*

果然来了 / 果然是他 really, as expected

❶天气预报说今天有雨，果然下雨了。
❷打开盒子一看，里面果然都是巧克力。

基本　jīběn　*adj. & adv.*

最基本 / 基本问题　basic; basically

❶沟通是管理者最基本的能力。
❷现在的用人单位基本上都要求具有一定的工作经验。

嘉宾　jiābīn　*n.*

男嘉宾 / 嘉宾来了 / 担任嘉宾　distinguished guest

❶我将作为特邀嘉宾出席这次会议。
❷当好东道主，热情迎嘉宾！

教训　jiàoxùn　*n. & v.*

深刻的教训 / 教训孩子　lesson; give sb. a lesson

❶这件事给了我们深刻的教训。
❷母亲将自己的工作情况、经验和教训都写在了这本日记里。

决赛　juésài　*n.*

进决赛 / 看决赛 / 决赛赢了　final

❶你昨天晚上看决赛了吗？哪个队赢了？
❷这个比赛有那么多人参加，你能进决赛真不容易。

开幕式　kāimùshì　*n.*

运动会开幕式 / 参加开幕式　opening ceremony

❶他答应出席明天的开幕式。
❷趁开幕式还没开始，我去买两瓶矿泉水

高频

回来。

矛盾 máodùn *n.*

家庭矛盾 / 解决矛盾 / 出现矛盾 conflict, contradiction

❶工作和家庭关系极容易出现矛盾。
❷同学之间产生矛盾要及时解决，以免影响团结。

高频

面积 miànjī *n.*

房子的面积 / 面积很大 area

❶这样一改厨房面积大了，采光也更好了。
❷作为一种观赏性植物，荷花既可大面积池栽，美化水面，净化水质，又可盆栽，摆放于庭院，装饰环境。

名片 míngpiàn *n.*

新名片 / 递名片 / 名片夹 business card

❶如果您决定了，随时都可以给我打电话，这是我的名片。
❷我的名片已经用完了，公司什么时候印新的啊？

佩服 pèifú *v.*

非常佩服 / 佩服你 admire

❶我非常佩服他的勇气。
❷他对角色的把握令人佩服。

批准 pīzhǔn *v.*

获得批准 / 批准方案 / 批准申请 approve

❶这个设计方案已经获得了批准。
❷我们已经申请了，也得到领导批准了，下个月就会进一批新设备。

人事 rénshì *n.*

人事部门 / 人事管理 personnel matters

❶你赶快把这份文件给人事部王经理送过去。
❷你也可以自己挑选助手，你放心，人事部会全力配合你的。

伸 shēn *v.*

伸手 / 伸出手 / 伸直腿 stretch, extend

❶小朋友试着把手伸进树洞取球，可是树洞太深，无论如何也够不着。
❷地道里黑漆漆的，伸手不见五指。

似乎 sìhū *adv.*

似乎一样 / 似乎是真的 as if, seemingly

❶寒冷的严冬，河水一改往日的活泼，似乎恬静地睡着了。
❷那些总是面带微笑的人，好运似乎特别喜欢跟着他们，不管是事业还是生活，他们都比旁人要成功。

宿舍 sùshè *n.*

学生宿舍 / 在宿舍 / 宿舍很大 dormitory

❶录音材料在我电脑里，我一会儿回宿舍给你复制一份。
❷他不在宿舍，他在图书馆写论文呢。

损失 sǔnshī *v. & n.*

巨大的损失 / 损失严重 lose; loss

❶失去金钱的人损失甚少，失去健康的人损失极多，失去勇气的人损失一切。

❷一家大公司的高级负责人由于工作失误，给公司造成了几千万元的损失。

高频

天空 tiānkōng *n.*

蓝色的天空 / 飞向天空 sky

❶一望无际的天空飘浮着朵朵白云，清晨的阳光普照着大地，轻风吹来，令人神清气爽。

❷孩子一不小心，手一松，气球就往天空飞去了。

通常 tōngcháng *adv.*

通常会发生改变 / 通常不吃早饭 usually

❶蔬菜和水果通常都含有大量维生素。

❷一说到健康食品，大家通常都会想到蔬菜和水果，而把肉类看作健康的敌人。

痛苦 tòngkǔ *adj.*

很痛苦 / 痛苦的生活 painful

❶她这么痛苦都是你造成的，你要为她的痛苦负责。

❷人的勇气能承担一切重负；人的耐心能忍受绝大部分痛苦。

位置 wèizhi *n.*

正确的位置 / 找到位置 / position, place

位置很多

❶老先生们退休了，空出了不少位置。
❷只有每只大雁在各自的位置上认真飞行，尽职尽责，整个团队才能飞得更高，飞得更远。

系 jì *v.*

系领带 / 系鞋带 tie, fasten

❶我想听听你的意见，你说我今晚系领带吗？
❷走着走着，我的鞋带开了，于是，我蹲下来系鞋带。

现实 xiànshí *n.*

现实生活 / 现实问题 / 面对现实 reality, actuality

❶任何梦想，只有努力去做，才有可能变成现实。
❷在现实生活中，追求完美是不实际的，因为世界上根本就没有完美的人和事。

消费 xiāofèi *v.*

高消费 / 消费不起 / 消费水平 consume

❶国家要处理好积累与消费的关系。
❷上海虽然不产茶叶，却是中国最大的茶叶消费与流通城市。

消化 xiāohuà *v.*

消化食物 / 帮助消化 / 消化不良 digest

❶读书不思考，等于吃饭却不消化。

高频

❷我这儿有帮助消化的药，你吃一粒吧。

形成 xíngchéng *v.*

形成习惯 / 逐渐形成 form, come into being

❶道路两旁挺立着高大的梧桐树，枝繁叶茂，遮天蔽日，形成一条天然的绿色通道。

❷琉璃厂大街形成于清代，位于北京和平门外，是北京著名的文化街。

迅速 xùnsù *adj.*

反应迅速 / 迅速行动 rapid, speedy, fast

❶春天到了，法桐的嫩芽在阳光的照耀下迅速地生长着。

❷在网上，大量的信息迅速产生出来，其中有很多未经选择，可靠性差，甚至是虚假信息。

一旦 yídàn *adv.*

一旦来了 / 一旦有人 / 一旦发生 once, in case

❶生活的道路一旦选定，就要勇敢地走到底，决不回头。

❷所谓私人空间，就是指我们身体周围的一定的空间，在这个空间里，一旦有人闯入，我们就会感觉不舒服，不自在。

遗憾 yíhàn *n. & adj.*

多年的遗憾 / 非常遗憾 / 遗憾的故事 regret; regrettable

❶不惜寸阴于今日，必留遗憾于明日。

❷遗憾的是，她虽然写了不计其数的文章，

而且自己也觉得写得还不错，伯乐却始终没有出现过。

因而 yīn'ér *conj.*

therefore, as a result

❶他经常失信于人，因而没有朋友。

❷在很多人看来，刀使人想到敌人或武器，因而不可以出现在友好、温暖的餐桌上。

原则 yuánzé *n.*

有原则 / 失去原则 / 原则问题 principle

❶整个大赛本着公开、公平的原则进行，所有设计师的作品将被放在网上，由网友打分，评选出最佳设计奖，评选结果将在年底公布。

❷助人为乐，不只是个词语，它更是一种生活态度和为人的原则。

保存 bǎocún *v.*

容易保存 / 保存起来 / 保存文件 preserve, keep

❶新鲜的樱桃很难保存，因而其市场价格也比较高。

❷这些资料要好好保存，将来还有用处。

保险 bǎoxiǎn *adj. & n.*

买保险 / 意外保险 / 保险柜 safe; insurance

❶钱存银行似乎更保险。

❷您好，我想咨询一些有关人身意外保险的问题。

高频

抱怨 bàoyuàn *v.*

经常抱怨 / 抱怨生活 / 抱怨别人 complain

❶ 他常常对周围的人发脾气，抱怨工作环境不好，生活中邻居不互相关心，缺少温暖，等等。

❷ 不要总是抱怨环境，要积极地去改变环境。

不要紧 bú yàojǐn

路远也不要紧 / 没成功不要紧 doesn't matter

❶ 失败了不要紧，关键是要懂得从失败中吸取教训。

❷ 犯错误不要紧，怕的是犯错误后顾虑太多，一蹶不振就难办了。

不足 bùzú *adj.*

严重不足 / 睡眠不足 / 不足两米 inadequate, less than

❶ 电视会伤害我们的身体，很多人看电视看到很晚，每天睡眠时间严重不足，不但影响工作，而且影响身体健康。

❷ 年轻人经验不足，工作中难免出现差错。

吵架 chǎojià *v.*

吵架了 / 在吵架 quarrel

❶ 那次吵架后，我俩决裂了。

❷ 兄弟俩和睦相处，从不吵架。

称赞 chēngzàn *v.*

称赞他 / 称赞学生 / 交口称赞 praise

❶他助人为乐的行为受到了人们的称赞。
❷我们一边欣赏新房一边称赞她家的装修。

成长 chéngzhǎng *v.*

健康成长 / 成长很快 / 不断成长 grow

❶每个孩子都是唯一的，都是特别的，让他们快乐地成长才是最重要的。
❷我的成长道路可谓一帆风顺。

从前 cóngqián *n.*

从前的故事 / 找回从前的记忆 former times

❶一个人如果一旦富贵就忘记从前贫贱的朋友，他的富贵就不会长久。
❷父亲老了，不再是从前那个身强力壮的父亲了。

促进 cùjìn *v.*

促进发展 / 大大地促进 promote, advance

❶宠物能促进主人之间的交往，减少孤独感。
❷丝绸之路大大地促进了东西方文化的交流。

贷款 dàikuǎn *v. & n.*

房子的贷款 / 还贷款 / 获得贷款 get a loan; loan

❶我们的房子是全款付清还是贷款？
❷银行的贷款应按期偿还。

高频

挡 dǎng *v.*

挡住风雨 / 挡不住的阳光 obstruct, block

❶ 父母的爱如同一把大伞，为我挡住风风雨雨。

❷ 牢固的大坝挡住了汹涌的洪水。

高频

到达 dàodá *v.*

到达终点 / 成功到达 reach, arrive

❶ 很多人坚信，问题不是人类能不能登上火星，而是在什么时候、通过什么方式到达那里。

❷ 当你还在举棋不定时，有人或许已经到达目的地了。

地理 dìlǐ *n.*

地理环境 / 地理知识 / 中国地理 geography

❶ 江南是一个非常漂亮的地方，是许多中国人的梦里水乡，它在地理上主要指长江中下游南岸地区。

❷ 她怎么连最基本的地理常识都不知道？

独立 dúlì *adj.*

独立思考 / 独立生活 / 很独立 independent

❶ 女性经济越来越独立甚至代替男人成为养家者，就容易给丈夫造成压力，婚姻也就更容易出现问题。

❷ 少数人属于自用人才，这种人大多可以成为老板，他们善于扬长避短，能够独立地创建一个自己的舞台。

光盘 guāngpán *n.*

一张光盘 / 光盘坏了 compact disc

❶用光盘刻录文件，这样保存起来很方便。

❷今天中午我去找你，你不在，我就把光盘放你桌上了。

海鲜 hǎixiān *n.*

吃海鲜 / 美味的海鲜 / 海鲜过敏 seafood

❶她好像吃海鲜过敏了，脸上又红又痒。

❷一说起青岛，很多人想到的是美丽的大海、金色的沙滩、美味的海鲜、清凉的啤酒……

集中 jízhōng *v. & adj.*

精神集中 / 集中注意力 concentrate; concentrated

❶与别人握手时，要看着对方，保持微笑，集中注意力，绝对不可以戴着手套与人握手。

❷有时候我们需要做的就是忘掉自己的短处，把精力都集中到长处上，充分发挥自己的长处。

接触 jiēchù *v.*

接触社会 / 亲密接触 touch, contact

❶与小动物亲密接触可以有效缓解孤独感。

❷做记者可以接触、采访各种各样的人，其实也挺有意思的。

高
频

尽力 jìnlì *v.*

尽心尽力 / 尽力做好 do one's best

❶我们应尽力做好本职工作。
❷他已经尽力而为了。

巨大 jùdà *adj.*

巨大的伤害 / 损失巨大 immense, tremendous

❶火箭发出巨大的轰鸣声，冲向太空。
❷村口的大榕树如同一把巨大的绿伞，为我们撑起了一片绿荫。

具体 jùtǐ *adj.*

不够具体 / 具体规则 / 具体问题具体分析 specific

❶具体的比赛规则和报名方式请见网上的“报名须知”。
❷主持人向大家具体介绍了比赛规则。

绝对 juéduì *adv.*

绝对完美 / 过于绝对 / 凡事不能太绝对 absolutely

❶接受失败绝对是一种能力，任何一个人只有能够心平气和地接受失败和挫折，未来才能够做成大事。
❷你乒乓球打得那么厉害，拿冠军是绝对没问题的。

颗 kē *m.w.*

(measure word for small spheres, pearls, etc.)

一颗种子 / 一颗星星

❶我们只有怀着一颗积极向上的心，才能以最佳的状态投入到学习和工作当中，才能取得理想的成绩。

❷荷叶上的水珠好似一颗颗晶莹圆润的珍珠。

毛病 máobing *n.*

克服毛病 / 有毛病 / 找出毛病 fault, defect

❶我们应该彻底改掉患得患失的毛病。

❷要想干成事情，首先就得克服胆子小这个毛病。

盆 pén *n.*

一盆水 / 一盆花 / 花盆 basin, pot

❶人们利用盆、桶等简单模具自然冷冻了千余盏冰灯和数百个冰花，于元宵佳节在公园展出，轰动全城。

❷我妈妈觉得买几盆花放在这里比较好。

碰 pèng *v.*

碰倒饮料 / 碰见朋友 / 碰到问题 knock, bump into

❶企业家慌忙将香烟拿正，不料又将烟灰缸碰翻在地上。

❷怎么在这儿碰到你了？你不是明天下午的飞机吗？

疲劳 píláo *n. & adj.*

很疲劳 / 缓解疲劳 / 疲劳驾驶 fatigue; tired

高频

❶ 听音乐能缓解疲劳，放松心灵。
❷ 工作了一天，他感到很疲劳。

清淡 qīngdàn *adj.*

很清淡 / 清淡的饭菜 light

❶ 你吃这个菜，这个清淡得多。
❷ 你以前不是特别喜欢吃辣吗？怎么现在吃得这么清淡？

高频

庆祝 qìngzhù *v.*

热烈庆祝 / 庆祝生日 / 庆祝活动 celebrate

❶ 你找到一个这么好的工作，应该庆祝一下啊。
❷ 篮球队员们欢呼跳跃，庆祝胜利。

人物 rénwù *n.*

主要人物 / 各种人物 / 人物照片 figure, character

❶ 那些人物照片全是你拍的吗？
❷ 文中还描写了那个年代各式各样的人物，作者通过细节来表现人物的心理，让你清清楚楚地看到人物性格的各个方面。

生产 shēngchǎn *v.*

大量生产 / 生产汽车 / 生产的产品 produce, manufacture

❶ 在公司生产的辣酱上市之前，经理准备做些宣传广告。
❷ 发展生产是为了满足人们生活的需要。

石头 shítou *n.*

一块石头 / 石头路 stone

❶爷爷从路边捡起一块小石头，随手扔了出去。

❷小明把一个大玻璃瓶子带到学校，瓶子里装着满满的石头、玻璃碎片和沙子。

思想 sīxiǎng *n.*

中心思想 / 不同的思想 / 复杂的思想 thought, ideology

❶生活的多样性、复杂性要求我们必须学会接受不同的性格、不同的思想。

❷一切伟大的行动和思想，都有一个微不足道的开始。

烫 tàng *adj. & v.*

很烫 / 烫伤 / 烫手 burning hot; burn

❶他昨天炒菜的时候不小心烫了手。

❷他被烫伤得很厉害。

特殊 tèshū *adj.*

搞特殊 / 特殊的人 / 特殊安排 special, particular

❶她的这段经历有非常特殊的意义。

❷这么具有特殊意义的日子，我听你的安排好了。

题目 tímù *n.*

论文题目 / 一道题目 / 题目很难 question, title

❶那么难的题目，他竟然也能做对？
❷老师建议我把文章题目改一下。

偷 tōu *v. & adv.*

偷东西 / 偷走 / 偷钱 steal; secretly

❶他的钱包被偷了。
❷小草偷偷地从泥土里探出了头。

高频

兔子 tùzi *n.*

可爱的兔子 / 兔子的尾巴 rabbit

❶这只兔子很乖巧，十分讨人喜欢。
❷她跑得非常快，像兔子一样快。

未来 wèilái *n.*

未来世界 / 创造未来 / 未来的生活 future

❶遇到困难不要抱怨，既然改变不了过去，那就改变未来。
❷人生的成功与失败并非全靠机遇，而是一种选择，我们不能完全依赖别人的安排与帮助，必须凭借自己的努力创造未来。

位于 wèiyú *v.*

位于东边 / 位于西方 be located

❶婺源位于江西省的东北部，被称为“中国最美的乡村”。
❷吐鲁番位于新疆的中部。

显示 xiǎnshì *v.*

显示问题 / 显示结果 / show, indicate

调查显示 / 显示器

❶一组调查显示，随着年龄的增大，女性的职场幸福感有所提高。

❷调查显示，家庭经济中男女地位的交换实际上对婚姻起到了稳定作用，使离婚率更低，婚姻更幸福。

消失 xiāoshī *v.*

消失了 / 声音消失 / 消失不见 disappear, fade away

❶如果一种现象消失得同它出现时那样匆匆，那么我们就把它称作时尚。

❷夕阳逐渐消失，黑夜来临，夜雾笼罩着大地。

销售 xiāoshòu *v.*

销售商品 / 销售部门 / 销售人员 sell, market

❶你为什么来应聘我们公司的销售职位呢？

❷我在一个保险公司工作，主要负责销售方面的业务。

效率 xiàolǜ *n.*

工作效率 / 提高效率 / 效率很高 efficiency

❶“懒”从某种角度来说，不仅能成为一种创造的动力，还能提高生产效率。

❷绿色是舒适之色，可以缓解眼部疲劳，并能让人从心理上产生一种安全感，有利于集中思绪，提高工作效率。

高
频

训练 xùnliàn *v.*

训练孩子 / 努力训练 / 认真地训练 train

❶ 据观察，以周为单位更换训练场地能够有效改善运动员在训练中的表现。

❷ 经过长期的刻苦训练，她终于夺得马拉松比赛的金牌。

阳台 yángtái *n.*

阳台高 / 二楼的阳台 / 阳台的空间 balcony

❶ 我非常喜欢他的这个设计方案，把阳台和卧室打通，这样空间一下子大了许多。

❷ 他在阳台上种了很多奇花异草。

要不 yàobù *conj.*

要不别去了 / 要不就迟到了 otherwise, how about

❶ 多亏你提醒，要不我就忘了。

❷ 今天的会得去一个人，要不你去，要不我去。

因素 yīnsù *n.*

重要因素 / 影响因素 factor, element

❶ 调查显示，工作压力太大、不能兼顾工作和家庭成为影响职场幸福指数的重要因素。

❷ 我们认为，速度并不是成功的决定因素，质量才是成功的关键所在。

优惠 yōuhuì *adj.*

优惠活动 / 很优惠 preferential, favorable

❶你们现在有些什么优惠活动呢？
❷近段时间各大商场的优惠活动可真不少。

指导 zhǐdǎo *v.*

指导学生 / 认真指导 guide, direct

❶老师正在指导学生重新做实验。
❷在写论文的过程中，我得到了老师的指导和帮助。

制定 zhìdìng *v.*

制定宪法 / 制定学会章程 formulate, draw up

❶政府正在制定城市发展的远景规划。
❷国家制定专项法律，着重保护未成年人的权益。

主持 zhǔchí *v.*

主持节目 / 主持会议 / 主持人 uphold, host

❶同学们推选我当毕业晚会主持人。
❷古今中外，坚持正义、主持公道的人都受到了们的爱戴。

中频词汇

宝贵 bǎoguì *adj.*

很宝贵 / 宝贵的时间 / 宝贵的东西 precious

❶时间是宝贵的，时间转瞬即逝，所以应该珍惜时间，努力学习知识。

❷她终于发现，原来世界上最宝贵的东西就是自己的家。

报告 bàogào *n. & v.*

主动报告 / 调查报告 / 报告数据 report; report

❶那个调研报告你们什么时候可以完成？

❷我一直以来的做法是，凡事都主动向老板报告。

必要 bìyào *adj.*

没必要 / 有必要 / 必要的措施 necessary, essential

❶有必要让公众在充分知情的状况下展开辩论。

❷除了必要的作业，老师不再给我们增加额外的负担。

编辑 biānjí *n. & v.*

编辑文章 / 编辑内容 / 重新编辑 editor; edit

❶你的那篇文章怎么样了？编辑怎么说的？

❷社长，咱们还需要对文字进行编辑吗？

表达 biǎodá *v.*

表达想法 / 善于表达 / 很会表达 express, convey

❶ 由于二胡的音色听起来略带忧伤，因而适于表达比较深沉的情感。
❷ 培养自己的语言表达能力，让自己养成良好的语言表达习惯，人生会变得更加精彩。

表面 biǎomiàn *n.*

事物的表面 / 地球的表面 / 表面不平 surface, face

❶ 南极洲的表面覆盖着厚厚的冰雪。
❷ 他表面上衣冠楚楚，私下却做了许多不法的勾当。

病毒 bìngdú *n.*

有病毒 / 电脑病毒 / 中了病毒 virus

❶ 最近我的电脑速度特别慢，是不是中病毒了？
❷ 新冠病毒的传播速度非常快。

不然 bùrán *conj.*

不然就会迟到 / 不然又能怎么办 or else, if not

❶ 租房子太难了，不是房子太小，就是地方太远，不然就是价钱太贵。
❷ 要到达那个村子必须经过一条河，不然就得爬过一座很高的山。

沉默 chénmò *v. & adj.*

很沉默 / 选择沉默 / be silent; silent

沉默的孩子

❶有时候，你被人误解，但你又不想解释，所以选择沉默。
❷在多说无益的时候，或许沉默就是最好的解释。

趁 chèn *prep.*

趁着没人 / 趁着这个时间 availing oneself of

❶趁开幕式还没开始，我去买几瓶矿泉水回来。
❷小王想趁着年轻多出去锻炼锻炼，丰富一下自己的经历。

承受 chéngshòu *v.*

承受痛苦 / 承受压力 / 无法承受 bear, endure

❶多年来，他一直承受着病痛的折磨。
❷有时，为了拥有更长久的快乐，我们也需要承受一定的悲伤。

抽屉 chōuti *n.*

我的抽屉 / 抽屉钥匙 drawer

❶充电器在那个抽屉里。
❷保险柜的钥匙不在抽屉里。

窗帘 chuānglián *n.*

安装窗帘 / 拉开窗帘 window curtain

❶我知道有一家店的窗帘做得特别棒，你去看看？
❷清晨，拉开窗帘，推开窗户，微风吹来，一阵清新、幽香、淡雅的泥土气息迎面而来。

答应 dāying *v.*

答应条件 / 答应下来 / 没有答应 promise, agree

❶她答应明天去帮我打听一下。
❷他答应出席明天上午的开幕式。

耽误 dānwu *v.*

耽误时间 / 耽误工作 delay, hold up

❶你快点吃吧，别耽误了上学的时间。
❷还有一个小时呢，来得及，不会耽误的。

导演 dǎoyǎn *n. & v.*

一位导演 / 导演电影 director; direct

❶他导演了多部影片，其中一部还得了奖。
❷她的妈妈是有名的电影导演。

对象 duìxiàng *n.*

研究对象 / 目标对象 / 活动对象 target, object

❶所谓抓拍，就是指在生活的现场，不干涉拍摄的对象，拍摄那些最自然、最生动的活动对象。
❷她秀外慧中，是众多男士追求的对象。

翻 fān *v.*

翻书 / 翻看 / 翻东西 flip over, turn over

❶我翻开通信录，一个一个地打电话通知所有要参加明天会议的人。
❷同学们翻开试卷，开始答题。

反而　fǎn'ér　*adv.*

反而没人 / 反而来了　instead, on the contrary

❶ 时间充裕反而容易使人懒散，缺乏动力，效率低。

❷ 如果只是单纯地对儿童进行识字教育，非但不能提升他们的阅读能力，反而有可能扼杀他们的阅读兴趣和热情。

分别　fēnbié　*adv.*

分别回答问题 / 分别写出答案　respectively

❶ 我们对不同性质的矛盾应该分别处理。

❷ 老师分别和我们每个人交换了意见。

纷纷　fēnfēn　*adv.*

纷纷来到教室 / 纷纷提问 / 纷纷落下　one after another, in succession

❶ 秋天到了，金黄色的叶子纷纷落下，犹如一群群金黄色的蝴蝶在空中翩翩起舞。

❷ 某电视台邀请了一位成功的企业家做嘉宾，到场的观众纷纷向他求教成功之道。

风景　fēngjǐng　*n.*

美丽的风景 / 看风景　scenery, landscape

❶ 黄山位于安徽省的南部，是中国十大风景名胜之一。

❷ 我打算去西安玩儿，因为那儿的名胜古迹多，风景也不错。

赶紧 gǎnjǐn *adv.*

赶紧上班 / 赶紧吃饭 hurriedly, immediately

❶ 坐了一天的火车，你也累了吧，赶紧去洗个澡，休息一下。
❷ 你赶紧过来帮我一下啊。

感激 gǎnjī *v.*

十分感激 / 感激不尽 be grateful to

❶ 我非常感激那位心理学家。
❷ 我们非常感激你们的支持和帮助。

个性 gèxìng *n.*

自己的个性 / 个性不同 individuality, personality

❶ 参加比赛的设计师可以充分自由发挥自己的想象力和创造力，体现自己的个性。
❷ 她是个很有个性的小姑娘。

工程师 gōngchéngshī *n.*

优秀的工程师 / 软件工程师 / 工程师证书 engineer

❶ 李工程师深入浅出地讲解这部机器的构造和性能，一般学徒都能理解接受。
❷ 教师被誉为塑造人类灵魂的工程师。

过分 guòfèn *adj.*

要求过分 / 过分担心 excessive, undue

❶ 对子女过分娇宠，没有一点儿益处。
❷ 如果学生考试时有些紧张，老师不用过分担心。

黄金 huángjīn *n.*

黄金的价格 / 黄金首饰 gold

❶黄金的价格最近一直在上涨。
❷我们跋山涉水为的是挖到黄金，而你却是为了卖水，早知道这样，你何必到这里来呢？

恢复 huīfù *v.*

恢复健康 / 恢复正常 restore, recover

❶这应该是氧化了，你回家用牙膏刷一下，就可以恢复到原来的样子了。
❷手术很成功，她恢复得很快，过两天就可以出院了。

驾驶 jiàshǐ *v.*

驾驶汽车 / 疲劳驾驶 drive, pilot

❶这天，我们驾驶一艘游艇到一个小岛上去玩儿。
❷小伙子驾驶技术特别高。

简直 jiǎnzhí *adv.*

简直气死了 / 简直太棒了 simply, at all

❶你看，她们姐妹俩长得太像了，简直一模一样。
❷刘小姐与以前相比，简直判若两人。

讲座 jiǎngzuò *n.*

一场讲座 / 公益讲座 lecture

❶明天有个讲座，我很想去听听。
❷昨天下午你去听刘教授的讲座了吗？

谨慎 jǐnshèn *adj.*

小心谨慎 / 谨慎做事 cautious, prudent

❶如果你想在人生和事业上取得成功，那就必须小心谨慎地结交朋友。
❷他做事一向谨慎。

刻苦 kèkǔ *adj.*

非常刻苦 / 刻苦学习 / 刻苦的学生 hardworking, assiduous

❶我们一定要刻苦学习。
❷他经过刻苦训练，终于取得了冠军。

扩大 kuòdà *v.*

扩大规模 / 扩大生产 / 逐渐扩大 expand, enlarge

❶工厂最近要扩大生产规模，需要新进一些设备，你和刘经理尽快商量一下这事。
❷你可以试着增加对社交的投资，扩大你的人脉。

理论 lǐlùn *n.*

阐述理论 / 理论证明 theory

❶理论是一码事，实际又是一码事。
❷现在很多人都深信"木桶理论"，想要努力补上自己的短板，但是有些短处是没法改变的，也是不需要改变的。

立即 lìjí *adv.*

立即行动 / 立即回来 immediately

❶我们得立即采取一些措施。
❷一旦做出决定就不要拖延，要立即行动起来。

连忙 liánmáng *adv.*

连忙道歉 / 连忙说 promptly, at once

❶老人家一上车，小朋友就连忙让座。
❷奶奶生病了，爸爸连忙把她送到医院去。

冒险 màoxiǎn *v.*

很冒险 / 冒险做事 take risks

❶这样做太冒险了，这笔钱可不是个小数目，你再好好想想吧。
❷生活不应该总是冒险。

中频

命运 mìngyùn *n.*

把握命运 / 悲惨的命运 fate, destiny

❶我曾经以为我这一生只有摆地摊的命运。
❷唯有行动才能改变命运。

派 pài *v.*

派人送去 / 派他出差 send, dispatch

❶我国派出阵容强大的体育代表团参加奥运会。
❷公司派我明天去山东出差。

配合 pèihé *v.*

很配合 / 积极配合 / 配合得好 coordinate, cooperate

❶我觉得你们的动作似乎还不太熟练，配合得不理想。
❷昨天多亏了你的积极配合。

启发 qǐfā *v.*

启发孩子 / 启发教育 enlighten, inspire

❶老师精心设计问题，启发我们积极思考。
❷科学家从青蛙的眼睛得到启发，制造出善于捕捉移动目标的电子蛙眼。

签 qiān *v.*

签名 / 签字 / 签合同 sign

❶你们的价格我们可以接受，今天应该就能签合同。
❷张先生，请在手术同意书上签字。

强调 qiángdiào *v.*

强调细节 / 强调安全 emphasize

❶人们常说祸从口出，最好少说话多做事，却很少强调口也可以免灾，这对我们的嘴巴是不公平的。
❷我们再怎么强调保护环境的重要性也不为过。

人口 rénkǒu *n.*

中国的人口 / 人口数量 / 人口很多 population

❶中国是世界上人口最多的国家吗？
❷北京市的人口太密集了。

忍不住 rěnbuzhù

忍不住生气 / 忍不住问 cannot help

❶ 我一闻到那个香味儿就忍不住流口水。
❷ 她终于忍不住问道："这房子究竟多少钱？"

嗓子 sǎngzi *n.*

我的嗓子 / 嗓子疼 throat, voice

❶ 昨天我感冒了，嗓子很疼，不能说话。
❷ 她参加了合唱团，当然要保护好嗓子了。

实践 shíjiàn *v. & n.*

实践知识 / 实践经验 / 在实践 put into practice; practice

❶ 虽然我目前还没有实践经验，但我本科学的是会计，对这方面的知识很熟悉。
❷ 理论和实践是有密切联系的。

中频

舒适 shūshì *adj.*

很舒适 / 舒适的生活 / 舒适的环境 comfortable, cozy

❶ 称心的衣着可以使人的神经得到放松，从而给人舒适的感觉。
❷ 笼子里的老虎总是羡慕外面老虎的自由，外面的老虎却羡慕笼子里老虎的舒适。

说服 shuōfú *v.*

说服别人 / 成功说服 persuade, convince

❶ 最后他们俩谁也没能说服对方。
❷ 你能说服她出席后天的活动吗？

体现 tǐxiàn *v.*

体现态度 / 体现特点 / 体现出 embody, reflect

❶人们对工作的满意度，是职场幸福指数的最直接体现。
❷我们这个产品的特点没有得到很好的体现。

体验 tǐyàn *v.*

体验生活 / 体验不错 experience for oneself

❶作家应当经常深入到群众中去体验生活。
❷我们说的都是自己的内心体验。

推广 tuīguǎng *v.*

推广产品 / 大力推广 popularize, promote

❶目前，世界上很多国家都在积极研发、推广新能源汽车。
❷他们部门主要负责的是产品的推广。

未必 wèibì *adv.*

未必来 / 未必成功 / 未必喜欢 not necessarily

❶心动不如行动，虽然行动了未必就能取得成功，但不行动则一定不会成功。
❷这种花衣服，姐姐未必喜欢。

无奈 wúnài *v.*

很无奈 / 无奈的选择 without choice, have no alternative

❶迫于无奈，他只好取消了原来的计划。
❷那些“女主外、男主内”的家庭形式虽

然大部分是基于经济状况的无奈选择，却不一定不幸福。

系统 xìtǒng *n.*

系统知识 / 完善系统 / 系统问题　system

❶这是一个清理系统垃圾的软件，装上这个软件，以后电脑就不会那么慢了。
❷全市的供电系统坏了，导致突然停电了。

相处 xiāngchǔ *v.*

相处得很好 / 相处亲密 / 相处时间　get along with

❶这部作品表现的是人与大自然的各种生命和谐相处。
❷邻居之间要互相关照，和睦相处。

信号 xìnhào *n.*

危险的信号 / 信号不好　signal

❶王老师，不好意思，刚才信号不好，我没听清楚。
❷一艘客轮在海上遇险，发出了求救信号。

行为 xíngwéi *n.*

好行为 / 行为恰当 / 奇怪的行为　conduct, behavior

❶专家说，动物这种故意欺骗人和同类的行为，是动物生存斗争的手段之一。
❷他乐于助人的行为受到了人们的称赞。

形象 xíngxiàng *n. & adj.*

高大的形象 / 形象的表达 / 很形象 image; vivid

❶世界是一面镜子，它照出每个人的形象。
❷书中那些形象的比喻，体现了一个学者作家的智慧与幽默。

幸运 xìngyùn *n. & adj.*

很幸运 / 幸运的孩子 good fortunate; lucky

❶在公司年会上，我幸运地抽到了一等奖。
❷你太幸运了，小伙子。

样式 yàngshì *n.*

修改样式 / 衣服的样式 / 样式很多 pattern, style

❶我刚给你买了一件衣服，你看看这样式怎么样？
❷麻烦你按照这个样式修改一下。

意外 yìwài *adj. & n.*

很意外 / 一场意外 / 意外事故 unexpected; accident

❶科学家在山脚下意外地发现了华南虎的足迹。
❷不出意外的话，应该没什么问题。

有利 yǒulì *adj.*

有利条件 / 有利的环境 beneficial, advantageous

❶纸质阅读更有利于保护孩子的眼睛。

❷我们应抓住有利时机，趁热打铁完成上级交给的任务。

预报 yùbào *n. & v.*

天气预报 / 预报节目 forecast; forecast

❶昨天看电视上天气预报说，最近还有一股冷空气要来。
❷我看了天气预报，这周天气不是很好。

在于 zàiyú *v.*

生命在于运动 / 一日之计在于晨 lie in, depend on

❶人生真正的快乐，在于能对一个事业有所贡献，而自己认识到这是个伟大的事业。
❷一年之计在于春，一日之计在于晨。

征求 zhēngqiú *v.*

征求意见 / 广泛征求建议 solicit, seek

❶我想这件事还是先征求一下大家的意见再做决定吧。
❷你还是先征求一下你爸爸的意见吧。

整体 zhěngtǐ *n.*

一个整体 / 整体情况 whole, entity

❶这房子装修的整体感觉都非常不错。
❷老师一直强调班级就是一个整体，为班级争光就是为自己争光。

志愿者 zhìyuànzhě *n.*

一名志愿者 / 善良的志愿者 / 志愿者活动 volunteer

❶ 善良的人往往都乐于报名做志愿者，奉献自己的爱心。

❷ 大学生运动会要招志愿者，你想去报名吗？

制作 zhìzuò *v.*

一起制作 / 制作产品 make, manufacture

❶ 他别出心裁地制作了这件手工艺品。

❷ 二胡制作简单，价格便宜，容易学会，音色也优美，深受中国人的喜爱，是中国民间普及率很高的乐器。

中心 zhōngxīn *n.*

城市中心 / 故事的中心 / 中心思想 center, heart

❶ 经济工作是当前压倒一切的中心工作。

❷ 钟鼓楼位于城市的中心。

重量 zhòngliàng *n.*

飞机的重量 / 重量很大 / 重量不够 weight

❶ 如果每个乘客都配备一个降落伞，将会占去很多空间，增加飞机的重量，这必将影响到飞机的营运能力。

❷ 她体质太弱，承受不了太大的重量。

傍晚 bàngwǎn *n.*

傍晚时分 / 秋天的傍晚 dusk, nightfall

❶ 沙漠里大部分时候都是大晴天，很少下

雨，阳光从早晨一直照到傍晚。
❷昨天傍晚时，天空中突然飘起了雪花。

背景 bèijǐng *n.*

历史背景 / 背景音乐 background

❶这张照片的背景是宽广的大海。
❷老师向学生们详细地介绍了小说的历史背景。

表明 biǎomíng *v.*

表明态度 / 表明看法 / 明确表明 show, indicate

❶研究表明，那些愿意无私奉献的人更容易获得快乐。
❷实验结果表明，发怒的人看到粉色，比较容易冷静下来。

玻璃 bōli *n.*

一块玻璃 / 玻璃杯 glass

❶小王把一个大玻璃瓶子带到学校，瓶子里装着满满的石头、玻璃碎片和沙子。
❷这种玻璃的隔音效果最好。

不耐烦 bú nàifán

感到不耐烦 / 很不耐烦 impatient

❶广告太多会让观众感到很不耐烦。
❷那人有点儿不耐烦地说："走开！"

参与 cānyù *v.*

积极参与 / 参与活动 participate, take part

❶让孩子们实际参与环保工作，能唤醒他们对生活环境的责任感。
❷人们所参与的活动的内容直接影响着人们对时间的估计。

朝 cháo *prep.*

朝门外 / 朝前走 / 朝他笑 to, towards

❶小女孩儿说着，就把五块钱放在柜台上，然后转身朝店外走去。
❷小狗朝主人一直摇尾巴。

成就 chéngjiù *n.*

取得成就 / 伟大的成就 achievement, accomplishment

❶李教授，您取得了这么多的成就，可否传授一些经验给我们呢？
❷如果你每次都比别人优秀一点点，那么这些优秀叠加后，你就会取得非同一般的成就，最终拉开与别人的距离。

重复 chóngfù *v.*

重复工作 / 不断重复 repeat

❶错误是不可避免的，但是不要重复错误。
❷知道了，妈，您已经重复多少遍了！

吹 chuī *v.*

吹翻车子 / 吹落树叶 / 吹风 / 吹空调 blow

❶突然，一阵狂风吹翻了小船，渔夫掉进了河里。
❷一阵狂风吹来，把桌子上的纸刮得满地都是。

中频

醋 cù *n.*

一瓶醋 / 米醋 / 吃醋 vinegar

❶醋不仅可以用来做菜，还有很多其他的功效。
❷这个菜不错，要是再加点儿醋就更好了。

担任 dānrèn *v.*

担任嘉宾 / 继续担任 hold a post, take charge of

❶他将担任本场比赛的解说员。
❷你在公司担任什么具体工作？

中频

登记 dēngjì *v.*

登记姓名 / 登记成绩 / 认真登记 register, check in

❶参加比赛的选手需要在比赛开始前登记，并领取编号牌。
❷你去学院办公室登记一下你的个人信息就可以了。

的确 díquè *adv.*

的确不错 / 的确很好 really, indeed

❶八月中秋夜的确是良辰美景。
❷这首诗的确别出心裁，十分引人注目。

对手 duìshǒu *n.*

一个对手 / 强大的对手 / 对手的实力 opponent, adversary

❶在你的人生中，一定会遇到各种各样的

对手，不必过于担心，因为敌人是一把双刃剑，他可能会对你造成威胁，但也可能成为你进取的动力。

❷这次的对手确实挺厉害的，看来咱们队赢的希望不大。

多亏 duōkuī *v.*

多亏你的帮助 / 多亏你来得及时 / 多亏你了　owe sth. to sb.

❶雨下得真大，多亏你提醒我带把伞。

❷刘老师，谢谢您，多亏您给我那瓶药，很管用。

发明 fāmíng *v.*

发明工具 / 发明电灯　invent

❶他一生致力于科学事业，发明了很多东西。

❷据史料记载，筒车发明于隋而盛于唐，为农业灌溉带来了极大便利。

繁荣 fánróng *adj. & v.*

繁荣的国家 / 繁荣发展　flourishing; flourish

❶为了祖国的繁荣富强，我要献出全部学识智慧。

❷如今，只有他国经济健康发展，本国经济才能繁荣。

风俗 fēngsú *n.*

家乡的风俗 / 风俗习惯　custom

❶端午节吃粽子、赛龙舟的风俗由来已久。

❷由于每个地区的水土环境、人文环境都

不相同，人们的生活方式、风俗习惯和思想观念也就随之而改变。

干脆 gāncuì *adv.*

干脆走了 / 很干脆 directly, simply

❶ 王经理办事干脆利落，员工们都很佩服他。
❷ 我已经试了好几次了，还是不行，我看我干脆放弃好了。

感受 gǎnshòu *n. & v.*

美好的感受 / 感受快乐 feeling; feel

❶ 快乐不是别人给的，而是来自我们自己的心态，是我们自己内心的感受。
❷ 倾听可以让孩子感受到你对他的关注和爱意，让他更想展现自己。

高级 gāojí *adj.*

高级助理 / 高级服装 high-grade

❶ 每天上午都会有一辆高级小汽车穿过市中心公园。
❷ 我爸爸是一位德高望重的高级工程师。

搞 gǎo *v.*

搞明白 / 搞清楚 / 搞懂 do, make sb. suffer

❶ 她一直很想搞清楚自己是否有舞蹈天分。
❷ 他利用自己身体灵活的优势，以闪电般的速度把那些人高马大的对手搞得晕头转向。

公寓 gōngyù *n.*

一套公寓 / 公寓楼 apartment building

❶我曾在那里租过一套公寓。
❷我和好朋友合租了一套公寓。

行业 hángyè *n.*

服装行业 / 行业规则 industry, business

❶这几年，手机行业的行情很好。
❷选错行业，痛苦一生。

和平 hépíng *n.*

世界和平 / 追求和平 peace

❶绿色象征着和平，能使人的心里有平静之感。
❷世界和平是每个人的心愿。

幻想 huànxiǎng *n. & v.*

美好的幻想 / 幻想未来 fantasy; fancy

❶魔术师让我们相信，幻想其实是可以通向现实的，所有的魔法都来自创意，只有想不到，没有做不到。
❷太多的幻想，往往使人不知道该如何选择。

灰心 huīxīn *v.*

不要灰心 / 灰心丧气 lose heart, be discouraged

❶被泼了一盆冷水之后，深感灰心的她打算自暴自弃了。
❷即使是遇到挫折，也永远不要灰心。

系领带 jì lǐngdài

tie one's necktie

❶ 我听听你的意见，你说我今天晚上还系领带吗？
❷ 我觉得你还是系上领带吧，系领带更正式一点儿。

建筑 jiànzhù *n.*

雄伟的建筑 / 建筑师

building

❶ 建筑工地上，工人们干得热火朝天。
❷ 这是他们学校的标志性建筑。

交往 jiāowǎng *v.*

日常交往 / 交往对象

associate, contact

❶ 交往的过程中，别人的反应是一面镜子，照出了我们的行为。
❷ 大家慢慢熟悉之后，交往也随意了很多。

结构 jiégòu *n.*

整体结构 / 合理的结构 / 调整结构

structure

❶ 我刚才写了个提纲，领导让我再把结构调整一下。
❷ 你要想恢复健康，必须改变现在不合理的饮食结构。

尽快 jǐnkuài *adv.*

尽快来 / 尽快完成 / 尽快实现

as soon as possible

❶ 虽然我现在还不知道我到底哪儿错了，但我还是觉得尽快认错为妙。
❷ 他祈祷妈妈的病尽快好起来。

救 jiù *v.*

救人 / 救急 / 从水里救上来 save, rescue

❶治病救人是医生的天职。
❷看见有人落水，他不顾一切地跳下水去救人。

开发 kāifā *v.*

开发能源 / 开发潜能 exploit, open up

❶这两家公司合作开发了一个项目。
❷这个公司又开发了一种新产品。

开放 kāifàng *v.*

开放市场 / 开放大门 / 改革开放 open, bloom

❶进入孩子的世界，你除了多听之外，还应开放自己，多问多学。
❷夜来香只有在夜晚才开放。

会计 kuàijì *n.*

当会计 / 会计师 accountant

❶我看了你的简历，你好像从没有做过会计？
❷你马上把这个项目的材料交给李会计。

拦 lán *v.*

拦人 / 拦下车子 / 拦住他 block, stop

❶违章车辆被交警拦住，司机受到了处罚。
❷我们拦了一辆车，把病人送到了医院。

理由 lǐyóu *n.*

编造理由 / 充分的理由 / reason, ground

理由很多

❶辩论会上，双方队员激昂慷慨，抑扬顿挫，各述理由，赢得观众阵阵掌声。
❷这个理由不是很充分。

立刻 lìkè *adv.*

立刻解决 / 立刻处理 immediately

❶这个问题立刻引发了一些可以谈论的话题。
❷地震发生后，抢险人员立刻奔赴灾区。

零食 língshí *n.*

吃零食 / 零食店 snacks

❶你妈妈买这么多零食做什么？
❷小朋友的包里装满了零食。

中频

年代 niándài *n.*

过去的年代 / 美好年代 / 二十世纪九十年代 era, decade of a century

❶专家们认为，中国文字产生的年代实际上应该要更久远一些。
❷爷爷经历了风吹雨打的年代，所以他非常珍惜今天的幸福。

农民 nóngmín *n.*

勤劳的农民 / 农民代表 peasant, farmer

❶有一天，有个农民正在田里劳动。
❷有几个农民要到另外一个村子去办事。

平常 píngcháng *adj.*

很平常 / 不平常 / 平常的生活 usual, common

❶这几个人平常净说些乱七八糟的事。
❷空气、阳光、爱和亲情，这些看似普通而平常的东西，正是因为平时我们得之容易，所以常常被我们忽视。

墙 qiáng *n.*

一面墙 / 墙纸 / 刷墙 wall

❶春天是去婺源旅游最好的季节，尤其是四月，满山的鲜花，满坡的绿茶，加上白色的墙，搭配在一起，胜过世界上一切美丽的图画。
❷有几只蚂蚁想翻越一面墙。

巧妙 qiǎomiào *adj.*

非常巧妙 / 巧妙的办法 ingenious, clever

❶世界上并非只有人类才会撒谎，其实动物也会，而且还很巧妙。
❷他用一个巧妙的办法解决了这个难题。

亲自 qīnzì *adv.*

亲自来 / 亲自处理 in person

❶我的腿脚不便，但买鞋又必须亲自来试穿，所以不得不来。
❷经理决定亲自处理这件事情。

确认 quèrèn *v.*

确认信息 / 确认情况 confirm

❶结果究竟怎么样，还需要进一步确认。

❷ 货到付款，支票或现金都行，我们确认到账后马上就给你开发票。

热烈 rèliè *adj.*

热烈的掌声 / 热烈交流 / 讨论得很热烈 warm, enthusiastic

❶ 台下的工人们听了，发出一片热烈的欢呼声。
❷ 观众朋友们，让我们以热烈的掌声欢迎今天的嘉宾刘阳女士。

热心 rèxīn *adj.*

热心帮助 / 热心的孩子 warm-hearted

❶ 阿凡提是个很聪明的人，也非常热心。
❷ 他总是非常耐心地给人指点，还热心地向媒体推荐有潜力的青年画家。

日常 rìcháng *adj.*

日常生活 / 日常习惯 daily, everyday

❶ 妈妈到超市买一些日常用品。
❷ 柴米油盐是我们日常生活中所必需的物品。

日期 rìqī *n.*

出发日期 / 日期到了 date

❶ 我们已经按照合同上要求的日期发货了，您放心，后天下午肯定能到。
❷ 这个旅游团的出发日期提前了。

日子 rìzi *n.*

特殊的日子 / 日子到了 date, life

❶如今,农民们过上了丰衣足食的好日子。
❷今天阳光灿烂，正是郊游的好日子。

伤害 shānghài *v.*

避免伤害 / 伤害他人 harm, hurt

❶老师从来不伤害我们的自尊心。
❷经常加班会伤害身体。

士兵 shìbīng *n.*

勇敢的士兵 / 士兵的勇气 soldier

❶射击训练是士兵入伍后的必修课。
❷这些士兵的勇气真让人佩服。

摔倒 shuāidǎo *v.*

不小心摔倒 / 摔倒在地上 fall down

❶他滑冰时不小心摔倒了。
❷他就是在我摔倒时向我伸出手臂的那个人。

随手 suíshǒu *adv.*

随手扔掉 / 随手翻看 conveniently

❶我们要节约水资源，随手关闭水龙头。
❷爸爸随手把香蕉皮扔进垃圾桶。

碎 suì *adj. & v.*

打碎杯子 / 玻璃碎了 fragmentary; break into pieces

❶那个花盆被小王打碎了。
❷鸡蛋很容易碎，所以要轻拿轻放。

统一　tǒngyī　*adj.*

意见统一 / 统一的想法 / 统一的标准　unified, united

❶同学们穿上统一的校服，显得分外精神。
❷矛盾的两个方面是对立统一的。

文学　wénxué　*n.*

中国文学 / 古代文学 / 文学作品　literature

❶我大学读的是中国古代文学专业。
❷在古代，月亮对于人们来说是极为神秘的，因此也出现了许多有关月亮的神话，如“嫦娥奔月”“天狗食月”等，与月亮有关的文学作品也数不胜数。

闻　wén　*v.*

闻气味 / 闻到怪味儿 / 闻一闻　smell

❶他闻到了老李饭馆儿里饭菜的香味。
❷你闻一闻，这米饭是不是酸了？

卧室　wòshì　*n.*

卧室面积 / 我的卧室 / 卧室位置　bedroom

❶卧室面积大了，采光也变得更好了。
❷我的卧室布置得很讲究。

相当　xiāngdāng　*adv.*

相当好 / 相当顺利　considerably, quite

❶我认为，如果要问人们选择职业时主要

考虑的是什么，有相当一部分人会以收入多少作为标准。

❷昨天的手术进行得相当顺利。

相对 xiāngduì *adj.*

相对少 / 相对高 / 相对增加 relative, comparative

❶在我的婚姻中，我的学历比我丈夫高，现在他退休了，我的收入相对更高。

❷随着年龄的不断增长，女性被家庭牵涉的精力相对减少。

想象 xiǎngxiàng *v.*

无法想象 / 想象不到 imagine, fancy

❶真难想象，他表面上道貌岸然，暗地里却是无恶不作。

❷孩子的想象力常常是我们这些成人望尘莫及的。

孝顺 xiàoshùn *v.*

孝顺父母 show filial piety

❶她以孝顺闻名。

❷孝顺父母是中华民族的传统美德。

休闲 xiūxián *v.*

休闲放松 / 休闲游戏 have leisure

❶我只是陪客户去看京剧表演，穿休闲点儿也没关系。

❷北京的秋天温度适宜，是出游休闲的大好季节。

咬 yǎo *v.*

咬人 / 咬一口 bite

❶狗咬人不算新闻，人咬狗才算新闻。
❷你是不是被虫子咬了？

业务 yèwù *n.*

办理业务 / 宽带业务 business, profession

❶先生，您好，请问您要办理什么业务？
❷领导者不但要懂业务，还要有胆识。

业余 yèyú *adj.*

业余爱好 / 业余选手 spare time, amateur

❶摄影是刘老师的业余爱好。
❷哥哥有很多业余爱好。

一致 yízhì *adj.*

一致同意 / 一致对外 / 达成一致 unanimous, identical

❶很长一段时间内，科学界一致认定：火箭根本不可能被送上月球。
❷我们小组的这个方案一提出，就得到了大家的一致认可，真是个好的开始。

以及 yǐjí *conj.*

书、文具以及其他学习用品 as well as, and

❶用餐过程中，如果要说话，一定不要将筷子随便晃动，也不要用筷子敲打碗、盘子，以及桌面。
❷在老师孜孜不倦的教诲以及自身锲而不舍的努力下，他终于考上了梦寐以求的

大学。

营业 yíngyè *v.*

正在营业 / 暂停营业 / 营业时间 do business

❶ 听说那家店最近在装修，不营业，我们换个地方吧。

❷ 这家饭店暂停营业。

悠久 yōujiǔ *adj.*

悠久的历史 long-standing

❶ 峨眉山是美丽的自然景观与悠久的历史文化的完美结合。

❷ 北京悠久的历史给我们留下了无数具有极高审美价值和文化价值的古迹。

运用 yùnyòng *v.*

合理运用 / 运用技术 / 运用能力 utilize, put to use

❶ 也许你现在没有太多钱，但是即使是有限的收入，只要你会合理运用，它同样可以带给你享受。

❷ 出版商运用市长的一句话作为书籍销售的广告，不管市长说什么，他都有办法应对，这就告诉我们做人头脑要灵活。

挣 zhèng *v.*

挣钱 / 挣到很多钱 / 挣富人的钱 earn

❶ 这几年公司发展得很不错，每年春节前都会给工人发两个月的奖金，但是今年公司却没挣到多少钱。

❷ 他为挣钱而疲于奔命。

执照 zhízhào *n.*

营业执照 / 办理执照 license, permit

❶因为多次违规，他被吊销了驾驶执照。
❷营业执照已经批下来了，我们准备下个星期一就开张。

包含 bāohán *v.*

包含很多意思 contain, include

❶中国饮食文化包含着丰富的生存智慧。
❷快乐看上去与我们相距甚远，但它其实包含在我们生活的每一个细节中，触手可及。

中频

背 bēi *v.*

背书包 / 背东西 / 背不动 carry on the back

❶早上，孩子们背着书包去上学。
❷富翁把自己所有的金银珠宝都背在身上，然后出发了。

悲观 bēiguān *adj.*

悲观主义 / 悲观的想法 pessimistic

❶妈妈在失败面前从不悲观。
❷这家公司因为某些原因突然破产了，这位青年变得特别悲观，认为自己是世界上最不幸、最倒霉的人。

本领 běnlǐng *n.*

很多本领 / 游泳的本领 / 本领很大 skill, ability

❶他跟着师傅学了一身本领。

❷从笼子中走出的老虎获得了自由，却没有同时获得捕食的本领。

比例 bǐlì *n.*

比例是多少 / 比例失调 proportion, ratio

❶混凝土是用水泥、砂子、石子和水按一定比例混合制成的建筑材料。
❷很多单位男女比例严重失调。

毕竟 bìjìng *adv.*

毕竟他还是个孩子 after all

❶生活中总会有一些无法解决的问题，毕竟不是所有的对错都能讲清楚。
❷也许在山顶你能享受到一种征服山峰的幸福感，但这种幸福毕竟是暂时的。

脖子 bózi *n.*

脖子疼 / 脖子很长 neck

❶做完了手中的工作，爸爸活动了一下僵硬的脖子。
❷枕头太低了，睡得我的脖子有点儿酸。

采取 cǎiqǔ *v.*

采取行动 / 尽快采取 adopt, carry out

❶国家采取非常手段打击毒品犯罪。
❷我们要尽快采取有效措施，最大限度地减轻灾害损失。

承担 chéngdān *v.*

承担责任 / 积极承担 undertake, bear

❶ 青年承担着建设祖国和保卫祖国的重任。
❷ 做生意难免要承担风险。

承认 chéngrèn *v.*

承认错误 / 勇敢承认 admit, concede

❶ 我们承认篮球赛输了，因为对方遥遥领先。
❷ 孩子承认是他打碎了花瓶。

程序 chéngxù *n.*

一个程序 / 设计程序 / 程序员 program, procedure

❶ 你电脑里装的东西太多了，你最好把不常用的程序删除掉。
❷ 我请小李帮我设计了一个程序。

吃亏 chīkuī *v.*

吃亏是福 / 经常吃亏 / 吃过大亏 suffer losses, be at a disadvantage

❶ 不想占别人便宜的人，生活也不会让他吃亏的。
❷ 那老王不是吃亏了吗？

宠物 chǒngwù *n.*

养宠物 / 宠物医院 / 一只宠物 pet

❶ 养宠物有许多好处。
❷ 养宠物有助于培养一个人的自信心和责任感。

出版　chūbǎn　*v.*

出版小说 / 最新出版　publish

❶我们这里有一套新出版的汉语教材，非常适合初学者。
❷这部网络小说即将正式出版。

出示　chūshì　*v.*

出示证件 / 出示身份证　show

❶请出示一下您的身份证，我马上就给您办理入住手续。
❷对不起，麻烦出示一下您的工作证。

传播　chuánbō　*v.*

新闻传播 / 国际传播 / 传播文化　spread, disseminate

❶这种传染病主要通过空气传播，大家要注意开窗通风。
❷我是新闻传播专业的学生。

打工　dǎgōng　*v.*

去打工 / 打几份工　work to earn a living

❶孩子的父亲有一位在城里经营饭店的朋友，他让自己的儿子去朋友的饭店里打工，专门负责削土豆皮。
❷为了生计，他不得不到外地打工挣钱。

代表　dàibiǎo　*v.*

代表人民 / 代表农民　represent, embody

❶聆听不代表沉默，有时安静也是一种力量。

❷我将代表全体教师在毕业典礼上发言。

代替 dàitì *v.*

无法代替 / 代替我们 instead, replace

❶家乡的变化真大啊，那些破旧矮小的房屋已被高楼大厦代替了。
❷当孩子请求帮助时，父母也不要包办代替，而应该表示相信孩子自己的能力。

待遇 dàiyù *n.*

公司待遇 / 待遇很好 treatment, pay

❶我们公司员工待遇普遍有所提高。
❷这家公司的待遇不错，员工收入都挺高的。

中频

当地 dāngdì *n.*

当地人 / 当地报纸 locality

❶出发前他去看当地的一位老人，请教怎样才能获得成功。
❷当地多家报纸都批评了辣酱公司。

敌人 dírén *n.*

敌人投降了 / 打败敌人 enemy

❶我军趁着漆黑的夜色，悄悄接近敌人的阵地。
❷敌人被围得水泄不通，插翅难飞。

地毯 dìtǎn *n.*

一块地毯 / 洗地毯 carpet, rug

❶爸爸问："地毯是谁选的？"

❷我们去买一块羊毛地毯铺到沙发前面吧。

动画片 dònghuàpiàn *n.*

一部动画片 / 放映动画片 cartoon

❶再等一会儿吧，动画片马上就完了。
❷真累人，我现在每天晚上都得陪孩子一起看动画片。

非 fēi *v.*

是非不分 / 非主要方面 / 非政府组织 wrong; non-

❶生活中甚至可能根本就没有真正的是与非。
❷这种非病非健康的状态，世界卫生组织称为“第三状态”，中国则把它叫作“亚健康状态”。

分配 fēnpèi *v.*

公平分配 / 分配食物 assign, allocate

❶我们围拢在班长周围，听他分配任务。
❷经理给每个人都分配了任务。

讽刺 fěngcì *v.*

讽刺别人 / 讽刺故事 satirize

❶漫画多采用夸张的手法，以达到讽刺的目的。
❷当孩子遇到困难时，父母应引导他们冷静分析，鼓励他们去勇敢地尝试，不要训斥、讽刺或说什么“你怎么这么笨”等会伤害孩子自尊的话。

复制 fùzhì *v.*

复制三份 / 复制资料 copy, duplicate

❶ 每一个人都是独立的个体，独一无二，无法复制。

❷ 录音材料在我电脑里，我马上就回宿舍给你复制一份。

功能 gōngnéng *n.*

新功能 / 功能强大 / 功能齐全 function

❶ 随着计算机的更新换代，它的功能越来越多了。

❷ 市场上所谓的功能饮料琳琅满目。

中频

怪不得 guàibude *adv.*

no wonder

❶ 怪不得几天都没见着她，原来她出差去了。

❷ 这个饭店的川菜真地道，怪不得每天生意都这么好。

冠军 guànjūn *n.*

拿冠军 / 比赛冠军 champion

❶ 你弟弟乒乓球打得那么厉害，拿冠军绝对没问题。

❷ 中国乒乓球队屡次夺得世界冠军。

规律 guīlǜ *n.*

生活规律 / 没有规律 / 规律明显 regular pattern, law

❶ 工作和生活压力过大、作息不规律等会导致睡眠质量严重下降，进而产生黑

眼圈。

❷这种花“昼醒晚睡”的规律性十分明显，故而获得了“睡莲”的芳名。

规则 guīzé *n.*

游戏规则 / 讲规则 rule, regulation

❶保龄球的计分规则非常特别，并不是简单地累计得分。

❷具体的比赛规则和报名方式请看网上的“报名须知”。

过期 guòqī *v.*

食品过期 / 牛奶过期 be overdue

❶这个杀毒软件已经过期很久了。

❷抱歉，您的这张优惠券已经过期了。

滑 huá *v. & adj.*

滑下来 / 下滑 / 滑雪 slide; slippery

❶看着别人滑雪，觉得特别容易，不就是从山顶滑到山下吗？

❷结冰的路面太滑了。

婚姻 hūnyīn *n.*

一段婚姻 / 维持婚姻 / 婚姻稳定 marriage

❶从某种角度看，这种形式能更好地维护婚姻稳定。

❷婚姻就像是一座被围困的城堡。

集体 jítǐ *n.*

集体活动 / 集体比赛 collective

❶在一个集体中，各行其是是搞不好团结的。
❷经理，今年公司什么时候组织去集体体检呢？

家务 jiāwù *n.*

做家务 / 家务劳动 housework

❶家用电器解决了大部分家务劳动，让女人从家务活儿中解放出来。
❷你们俩的家务一般是如何分工的呢？

家乡 jiāxiāng *n.*

回到家乡 / 我的家乡 / 家乡菜 hometown

❶多年前，一个年轻人离开了自己的家乡。
❷几年后，很多人都两手空空地回到家乡，而少年却靠卖水挖到了人生第一桶金。

建立 jiànlì *v.*

建立工厂 / 建立感情 / 建立关系 build, establish

❶父母要学会尊重孩子的选择、感情与意见，并在行动中帮助他们建立自信心。
❷为每一位客户专门建立一份档案，为客户提供最大的方便，便是我们公司的胜出之道。

狡猾 jiǎohuá *adj.*

非常狡猾 / 狡猾的狐狸 crafty

❶狐狸特别狡猾。
❷老奶奶被狡猾的骗子骗走了养老钱。

尽量 jǐnliàng *adv.*

尽量早到 to the best of one's ability

❶尽量多换换跑步路线吧，或许在不熟悉的路线上会感到不适应，但在这种探险中，你能跑得更持久。
❷环保出行要求我们要尽量乘坐公交车。

居然 jūrán *adv.*

居然来了 / 居然坏了 unexpectedly

❶今天上午刚修的电灯，居然又坏了？
❷等他吃的时候，才发现他的那碗面下面居然藏着两个鸡蛋。

劳动 láodòng *v.*

认真劳动 / 辛苦劳动 work, labor

❶这天，有个农民正在田里劳动。
❷爷爷喜欢劳动，过不惯清闲的日子。

良好 liánghǎo *adj.*

良好的习惯 / 良好的关系 good, fine

❶同学们对新老师的教学反映良好。
❷田里的稻子长势良好，丰收在望。

粮食 liángshi *n.*

收获粮食 / 粮食丰收 grain

❶水稻是中国主要粮食作物。
❷今年没有自然灾害，粮食丰收了。

流传 liúchuán *v.*

流传下来 / 流传千年 spread, circulate

❶在民间流传着许多美丽的传说。
❷“女娲造人”的故事在中国广为流传。

落后 luòhòu *v.*

落后了 / 落后一分 fall behind

❶骄傲容易使人落后。
❷这场比赛江苏队落后两分。

梦想 mèngxiǎng *v. & n.*

实现梦想 / 梦想成真 dream; dream

❶或许我们每个人心里都有过一个魔法世界，梦想自己无所不能。
❷当职业作家是我一直以来的梦想。

密切 mìqiè *adj.*

关系密切 / 密切的整体 intimate, close

❶用茶量的多少与消费者的习惯有着密切关系。
❷希望大家密切合作，把这件事办好。

面临 miànlín *v.*

面临挑战 / 面临调整 face, confront

❶南京背负钟山，面临大江，形势险要，自古被称为虎踞龙盘之地。
❷这家商店因经营不善，正面临倒闭。

模仿 mófǎng *v.*

模仿他人 / 模仿大人 / 模仿能力 imitate

❶学别人，无论你学得多像，也只是模仿别人。

❷孩子的模仿能力特别强。

平均 píngjūn *adj.*

平均下来 / 平均身高 average

❶参加这次世杯的球队，实力平均，各有千秋。

❷这个月的电费，全楼各户平均分推。

评价 píngjià *v. & n.*

无法评价 / 评价很高 evaluate; assessment

❶我们要正确评价自己，不能妄自菲薄。

❷对于这本书的评价，好坏都有，毁誉参半。

凭 píng *v.*

凭实力 / 凭双手 depend on

❶全球环境问题已经超出了国家治理能力的范围，仅凭一国的能力已无力解决这些问题。

❷他特别爱车，但是凭他的收入想买车是不可能的。

色彩 sècǎi *n.*

美丽的色彩 / 色彩丰富 color

❶色彩是大自然给予人类的恩惠。

❷他的一生充满传奇色彩。

沙滩 shātān *n.*

去沙滩 / 海边沙滩 / 沙滩椅 sand beach

❶我们在松软的沙滩上散步。

❷爷爷带着孙女在沙滩散步，看见很多海星被潮水冲到岸上。

删除 shānchú *v.*

删除文件 / 删除资料 delete

❶他不小心把电脑里的文件删除了。
❷糟糕，我不小心把桌面上的那个文件删除了，怎么办？

摄影 shèyǐng *v.*

喜欢摄影 / 摄影师 take a photograph

❶我特别喜欢摄影，买个好相机，照出来的效果就是不一样。
❷摄影是王老师的业余爱好。

胜利 shènglì *v.*

取得胜利 / 胜利的希望 gain victory

❶很多人做事常常半途而废，其实，只要再多花一点点力气，再多坚持一点点时间，就会胜利。
❷坚持才能取得胜利。

失业 shīyè *v.*

失业中 / 害怕失业 / 失业人员 be unemployed

❶他失业很久了。
❷经济不景气，大家都担心失业。

时刻 shíkè *n.*

关键时刻 / 重要时刻 moment

❶任何时候都不要看轻自己，在关键时刻勇敢地说出“我很重要”，也许你的人生会由此揭开全新的一页。
❷他在关键时刻，往往能够从容自若。

时髦 shímáo *adj.*

时髦女郎 / 时髦的衣服 fashionable

❶那个年代看话剧特别时髦。
❷她今天打扮得真时髦。

书架 shūjià *n.*

一个书架 / 书架上 bookshelf

❶爷爷在所有的书架上全摆满了这位作家的著作。
❷作家走进书店，见书架上全是自己的书，大吃一惊。

双方 shuāngfāng *n.*

双方的要求 / 父母双方 both sides

❶他们双方的表现都非常出色。
❷经过反复磋商，双方终于达成了协议。

太极拳 tàijíquán *n.*

打太极拳 / 练一套太极拳 Chinese shadow boxing

❶太极拳是老年人喜爱的体育活动。
❷太极拳是中国的一种传统武术。

谈判 tánpàn *v.*

进行谈判 / 商业谈判 / 谈判结果 negotiate

❶商务谈判是一件十分微妙的事情。
❷通过谈判，两国又言归于好。

投入 tóurù *adj. & v.*

认真投入 / 投入时间 be absorbed in; put in

❶他以满腔的热情投入了新的工作。
❷今年投入公路建设的财政预算又削减了。

网络 wǎngluò *n.*

网络安全 / 网络课程 / 社交网络 network

❶上次听你说她现在在读网络课程？
❷网络安全的确是个大问题。

威胁 wēixié *v.*

威胁别人 / 威胁很大 / 威胁生命 threaten

❶当敌人强大到足以威胁到你的生命的时候，如果你一刻不努力，你的生命就会有万分的惊险。
❷森林不断地减少，已经威胁到了动物们的生存。

伟大 wěidà *adj.*

伟大的事业 / 伟大的人 great

❶中华民族是勤劳勇敢的伟大民族。
❷伟大的作品是艺术家匠心独运的结晶。

委屈 wěiqu *adj.*

很委屈 / 受委屈 / 委屈极了 wronged

❶不被人理解，他觉得很委屈。
❷妹妹委屈得痛哭起来。

吓 xià *v.*

吓人 / 吓死人了 / 吓一跳 scare

❶刚才吓死我了，我还以为我把钱包丢在出租车上了。

❷当母狐狸发现食物时，为了能得到较多的食物，它往往会发出一种虚假的警告信号，故意把小狐狸们吓跑，然后自己第一个冲向食物。

限制 xiànzhì *v. & n.*

有限制 / 设定限制 / 限制自由 restrict; restriction

❶就事论事，往往很容易被限制在一个特别小的圈子里，这就是我们常说的“惯性思维”。

❷我们设定一个限制，这样操作起来更容易。

象棋 xiàngqí *n.*

下象棋 / 一副象棋 / 国际象棋 Chinese chess

❶儿子对象棋特别感兴趣，要不我们给他报个辅导班？

❷我打算给儿子买一副新象棋，我看他以前的那副太旧了。

象征 xiàngzhēng *v. & n.*

和平的象征 / 象征幸福 symbolize; symbol

❶人们把乌龟视为长寿的象征。

❷我爱绿色，因为它是春的颜色，象征着青春和希望。

形式　xíngshì　*n.*

有趣的形式 / 形式丰富　　form

❶采访中，许多读者认为纸质书带给我们的不仅仅是书中的文字，更是手捧文化的一种美妙感觉，这是任何形式的电子阅读器都无法做到的。

❷相声是广大群众喜闻乐见的艺术形式。

演讲　yǎnjiǎng　*v.*

一场演讲 / 演讲结束 / 演讲稿　　give a speech

❶这次演讲，充分显露了他出众的口才。

❷每晚抽出些时间用来阅读、思考或参加有意义的演讲、讨论，你会发现，你的人生正在发生改变，坚持数年之后，成功便会向你招手。

以来　yǐlái　*n.*

今年以来 / 长期以来 / 一直以来　　period of time since

❶入夏以来，市场上的各种蔬菜都很便宜。

❷改革开放以来，农民逐渐过上了好日子。

优美　yōuměi　*adj.*

风景优美 / 优美的舞蹈　　beautiful, graceful

❶优美的大自然可以净化人的心灵。

❷那里景色优美，经济发达，文化教育事业繁荣，从古到今，都是理想的居住地。

幼儿园　yòu'éryuán　*n.*

上幼儿园 / 幼儿园老师　　kindergarten

❶他每天早上送女儿去幼儿园。
❷我女儿特别喜欢上幼儿园。

预防 yùfáng *v.*

预防疾病 / 预防措施 take precautions against

❶冬季干燥，我们要注意预防火灾。
❷苹果不仅可以预防疾病，还可以减肥，增强记忆力。

元旦 Yuándàn *n.*

庆祝元旦 / 元旦快乐 New Year's Day

❶他们家房子现在还没装修完呢，最快也要到元旦以后了。
❷看样子，元旦期间票价涨了不少。

赞成 zànchéng *v.*

赞成他 / 一致赞成 / 赞成观点 approve

❶我绝对赞成你这样做。
❷大家一致赞成他的提议。

针对 zhēnduì *v.*

针对错误 / 针对问题 be aimed at

❶这种产品主要针对的是中老年消费者。
❷这篇文章针对时事冷嘲热讽，笔锋十分犀利。

阵 zhèn *m.w.*

下了一阵雨 / 一阵阵笑声 short period, spell

❶下了一阵雨，天气凉快多了。
❷他的演讲赢得了观众一阵阵掌声。

逐步 zhúbù *adv.*

逐步提高 / 逐步改变 step by step, gradually

❶中国的城乡差别正在逐步缩小。
❷石油的开采让这不毛之地逐步富饶。

安装 ānzhuāng *v.*

安装机器 / 安装软件 install

❶我也安装了这个软件，但为什么没有你这个功能呢？
❷我的办公室需要安装一部电话。

包括 bāokuò *v.*

包括一切 / 包括你在内 contain, include

❶文房四宝包括笔、墨、纸、砚。
❷长江三峡包括西陵峡、巫峡和瞿塘峡。

宝贝 bǎobèi *n.*

一个宝贝 / 真正的宝贝 treasure

❶这个青花瓷花瓶是爷爷爱不释手的宝贝。
❷故宫博物院所藏的古物无一不是价值连城的宝贝。

本科 běnkē *n.*

本科学历 / 本科专业 / 读本科 undergraduate course

❶他本科学的是会计，对这方面的知识非常熟悉。
❷今年高考的本科录取分数下降了。

本质 běnzhì *n.*

事情的本质 / 问题的本质 / 本质不同 nature

❶“我能行”和“我不行”虽然只有一字之差，但却有着本质上的不同。

❷我终于认识到了这个游戏的本质意义，那就是交际的力量，即结交朋友的重要性。

必然 bìrán *adj.*

必然会 / 必然结果 certain

❶不读书不看报的人，知识面必然狭窄。

❷对别人傲慢无礼，必然失去朋友。

补充 bǔchōng *v.*

补充说明 / 补充意见 / 补充水分 replenish, supplement

❶儿童在生长发育期需要多补充营养。

❷我的发言完了，老师又在旁边补充了两点。

布 bù *n.*

一块布 / 一匹布 / 布鞋 cloth

❶妈妈买了一块布料，打算给我做新衣服。

❷麻烦你把这块儿布给我染成蓝色。

踩 cǎi *v.*

踩沙子 / 踩油门 step on, trample

❶时间有点迟了，小明不断踩油门，想要快马加鞭赶到会场。

❷他真倒霉，不小心踩到泥坑里，新买的

鞋子弄脏了。

惭愧 cánkuì *adj.*

很惭愧 / 十分惭愧 ashamed

❶他觉得十分惭愧。
❷工作没做好，我心里很惭愧。

成立 chénglì *v.*

成立部门 / 成立不久 establish, found

❶成立公司的事办得如何了？
❷你们公司刚成立不久，经营得怎么样？

成人 chéngrén *n.*

一个成人 / 成人的想法 adult

❶成人更注重功利和结果，比较容易忽视过程和细节。
❷成人的感受，更多的是无奈与愁苦。

成熟 chéngshú *adj. & v.*

成熟稳重 / 成熟的水果 / 成熟的人 mature; mature

❶一个人只有经过千锤百炼，才能成熟起来。
❷进入六月，小麦成熟了，麦田里一片金黄。

成语 chéngyǔ *n.*

一个成语 / 成语故事 idiom, set phrase

❶“精卫填海”这个成语，比喻按照既定目标，不畏艰难地奋斗到底。
❷中国的古圣先贤用成语把很多智慧流传

给下一代的人。

持续 chíxù *v.*

持续进行 / 持续了十年 last

❶人们在新年晚会上载歌载舞，狂欢一直持续到深夜。
❷持续的干旱给农业生产造成了严重损失。

传染 chuánrǎn *v.*

传染病 / 传染他人 infect

❶接种疫苗对预防传染病效果明显。
❷流行性感冒传染得特别快。

闯 chuǎng *v.*

闯关 / 闯进来 / 闯出去 rush, dash

❶一个莽汉突然闯进来，吓得屋内女孩子们惊慌失措。
❷失去控制的汽车闯进了一家饭店。

刺激 cìjī *v.*

受刺激 / 刺激观众 / 刺激大脑 stimulate, incite

❶光照会提高脑的兴奋度，因此去除光照刺激，减少卧室光线，对预防失眠有很大帮助。
❷百货公司为了刺激民众消费，各种促销活动层出不穷。

措施 cuòshī *n.*

一条措施 / 采取措施 / 有效措施 measure

❶这个单位的防火措施做得滴水不漏。
❷我们必须马上采取有效措施，最大限度地减轻灾害损失。

打交道 dǎ jiāodao

喜欢打交道 / 跟律师打交道 come into contact with

❶我想从事有挑战的工作，但我不喜欢跟人打交道。
❷我很爱和小孩子打交道。

打听 dǎting *v.*

打听消息 / 打听情况 / 四处打听 ask about

❶他四处打听失散亲人的消息。
❷考期临近，一些学生想打听考试内容。

大方 dàfang *adj.*

很大方 / 大方的人 / 大方的朋友 generous

❶生活对每个人其实都很大方。
❷中国赵州桥的建筑形式古朴大方，别具一格。

胆小鬼 dǎnxiǎoguǐ *n.*

一个胆小鬼 coward

❶这是一本特别有趣的书，书中讲了 12 个关于胆小鬼的故事。
❷难怪大家都叫你“胆小鬼”。

地位 dìwèi *n.*

重要地位 / 地位很高 position, status

❶他在文学界的地位是不容置疑的。
❷许多人都认为现在还不是享受快乐的时候，要等明天成功了，挣了很多钱，有了很高的地位，出了名……这样以后，才可以尽情地享受快乐与幸福。

递 dì *v.*

递给我 / 递文件 hand over

❶我赶快把手机递给了他。
❷请你把文件递给我。

电池 diànchí *n.*

一节电池 / 新电池 battery

❶抽屉里有几节新电池，你换上试试。
❷这是一组备用电池。

洞 dòng *n.*

树洞 / 洞里 / 山洞 cave, hole

❶一只熊在树洞里冬眠。
❷如果有人当面指出你的新衣服上破了一个洞，你会怎么做？

断 duàn *v.*

弄断 / 断电 break, snap

❶这场罕见的大雪压断了许多树枝。
❷台风突然袭来，船上的桅杆被吹断了。

顿 dùn *m.w.*

(measure word indicating frequency)

一顿饭 / 吃了一顿

❶你明晚有空儿吗？我想请你吃顿饭。
❷老虎把狐狸打了一顿。

发愁 fāchóu *v.*

一直发愁 / 为成绩发愁 worry

❶他这几天正在为工作的事情发愁，整个人变得有些消瘦。
❷你爸爸还在为投资的事情发愁吗？

反正 fǎnzhèng *adv.*

反正不是我 / 反正生活还要继续 anyway, now that

❶今天晚上，朋友说再给你介绍个男孩子，反正有空儿，你就去看看吧。
❷不管别人怎么说，反正我必须去。

中频

范围 fànwéi *n.*

全国范围 / 范围很大 / 扩大范围 scope, range

❶西红柿的种植范围正在缩减。
❷这场雨范围很广，北方旱情基本解除。

分布 fēnbù *v.*

分布广泛 / 集中分布 be distributed

❶在祖国大地上，分布着无数的村镇。
❷今年的雨水分布很均匀。

奋斗 fèndòu *v.*

努力奋斗 / 不断奋斗 strive, struggle

❶惜时如金的人懂得把每天都当作一个新的起点，不停歇地跋涉，不疲倦地

奋斗。

❷老教授幽默风趣地讲述了自己年轻时候的奋斗经历。

盖 gài *v.*

盖被子 / 盖上盖子 cover up

❶我感冒了，可能是昨晚没盖好被子吧。

❷播种后要盖一层土。

干燥 gānzào *adj.*

很干燥 / 干燥的天气 dry

❶北京的春天太干燥了，这么久了没有下过一场雨。

❷山谷里气候特别干燥，水源奇缺，寻找金矿的人最难熬的就是没水喝。

隔壁 gébì *n.*

隔壁邻居 / 住在隔壁 / 隔壁的孩子 next door

❶隔壁搬来一个小姑娘。

❷她的举动被隔壁的王四看到了。

根 gēn *m.w.*

measure word for long slender objects

一根筷子 / 一根玉米 / 一根绳子

❶这只小鸟全身洁白无瑕，一根杂毛都没有。

❷教室里静得连一根针掉到地上也听得见。

公布 gōngbù *v.*

公布结果 / 公布答案 / 公布成绩 announce

❶高考成绩快公布了，这几天他忐忑不安起来。
❷我听说面试结果已经公布了，你妹妹怎么样？录取了没？

古典 gǔdiǎn *adj.*

古典主义 / 古典音乐 / 古典诗歌 classical

❶历史资料表明，唐代是中国古典诗歌发展的全盛时期。
❷他弹奏的古典乐曲，若高山流水般美妙。

柜台 guìtái *n.*

一个柜台 / 柜台上 / 站柜台 counter

❶商店里的柜台上摆满了各式各样的商品。
❷苹果整批购回后，妈妈又按大小、颜色不同，将其分门别类地摆在柜台上出售。

豪华 háohuá *adj.*

十分豪华 / 豪华酒店 / 豪华品牌 luxurious

❶豪华游轮的船舱又宽敞又舒适。
❷我最近坐豪华邮轮去欧洲旅游了。

合影 héyǐng *n. & v.*

group photo; have a picture taken together

拍合影 / 一张合影 / 合一张影

❶这张合影效果最好，不仅背景选得好，色彩好，你的表情也好。
❷毕业时，我们全班同学在一起合影留念。

何必 hébì *adv.*

何必这样 / 何必呢　there is no need

❶公寓附近就有取款机，你何必去银行呢。
❷伯父，您多画点儿画儿多好，何必把宝贵时间浪费在这些人的身上？

后果 hòuguǒ *n.*

全部后果 / 承担后果 / 后果严重　consequence

❶洪水一旦决口，后果不堪设想。
❷这件事的一切后果由你们自己负责。

忽然 hūrán *adv.*

忽然离开 / 忽然安静下来　suddenly

❶刚才还风和日丽的，忽然狂风大作，下起雨来。
❷老王忽然哈哈大笑起来。

胡同 hútòng *n.*

一条胡同 / 北京胡同　lane

❶师傅，前面胡同太窄，不好倒车，我在这儿下车就可以了。
❷北京有很多古老的小胡同。

糊涂 hútu *adj.*

真糊涂 / 难得糊涂　muddled, confused

❶你爸爸是越来越糊涂了。
❷你在说什么呀？我越听越糊涂。

华裔 huáyì *n.*

一名华裔 /　foreign citizen of Chinese origin

中频

华裔学生

❶我男朋友是华裔，我们平时在家都是用中文交流。

❷我听老师说咱们班新来的那个同学是华裔。

慌张 huāngzhāng *adj.*

慌慌张张 / 慌张的表情 flurried, flustered

❶遇事一定不要慌张。

❷弟弟表演时一点儿也不慌张。

或许 huòxǔ *adv.*

或许是吧 / 或许他愿意 maybe

❶不要小看了那一点点的收获，或许正是因为这一点一滴的努力，你才会走在别人的前面。

❷他还没来，或许是家里有事儿吧。

计算 jìsuàn *v.*

计算结果 / 计算成绩 / 快速计算 count, calculate

❶他所做的贡献是不能用金钱来计算的。

❷他在烦躁心情的影响下，计算也没出错。

寂寞 jìmò *adj.*

很寂寞 / 感到寂寞 / 寂寞的人 lonely

❶在无边无际的大海上航行，你不感到寂寞吗？

❷他在这儿一个朋友也没有，感觉很寂寞。

假装 jiǎzhuāng *v.*

假装不懂 / 假装知道 pretend

❶自习课上，看到老师来了，有的同学假装一本正经地学习。
❷刚才他说肚子疼是假装的。

肩膀 jiānbǎng *n.*

宽大的肩膀 / 肩膀疼 shoulder

❶大部分读者认为，长期对着屏幕阅读容易带来很多后遗症：眼干，肩膀疼，腰疼等。
❷我昨天打球打了很久，肩膀到现在还疼呢。

交际 jiāojì *v.*

善于交际 / 交际广泛 associate, contact

❶交际也是一种艺术。
❷礼尚往来既是传统的民俗，也是人情交际的礼貌。

浇 jiāo *v.*

浇水 / 浇花 / 浇菜 / 大水浇地 water, irrigate

❶一场及时的春雨，浇灌着干渴的大地。
❷阳台上的花我都浇过了，你别再浇了。

阶段 jiēduàn *n.*

新阶段 / 阶段目标 / 人生阶段 stage, phase

❶亮着灯睡觉会使人推迟入睡时间，而且很难进入深睡阶段。
❷第一阶段的治疗已经结束了。

中频

接近　jiējìn　*v.*

慢慢接近 / 接近目标 / 与人接近　approach, draw near

❶两个人在交往时，如果首先表明自己与对方的态度和价值观相同，就会使对方感到你与他有许多相似性，从而很快地缩短与你的心理距离，更愿意同你接近，结成良好的人际关系。
❷他总是过于严肃，令人无法接近。

结合　jiéhé　*v.*

不断结合 / 新旧结合 / 结合实际　combine

❶学者们认为，国画是传统与现代的结合。
❷请大家结合自己的实际情况制定一份学习计划。

中频

借口　jièkǒu　*n.*

找借口 / 借口很多　excuse

❶遇到问题时，我们要学会不找借口找办法，因为办法总比问题多。
❷你不要为自己的错误找借口。

酒吧　jiǔbā　*n.*

一家酒吧 / 经营酒吧　bar

❶小王一直在经营一家酒吧。
❷我看他这个酒吧的生意很好啊，为什么要卖呢？

橘子　júzi　*n.*

一个橘子 / 吃橘子 /　tangerine, orange

橘子很甜

❶这橘子真甜，他在哪儿买的呢？
❷橘子中富含的钾元素还能帮助调节血压。

离婚 líhūn *v.*

父母离婚 / 坚持要离婚 divorce

❶他们已经离婚好多年了。
❷妻子要求离婚，但丈夫不同意。

利息 lìxī *n.*

银行利息 / 收利息 interest

❶银行的利息最近又涨了。
❷如果我把这笔钱转存成定期，利息是多少？

亮 liàng *adj. & v.*

天亮了 / 太亮了 / 亮着灯 bright; lighten

❶屋子亮了，心也跟着亮了。
❷亮着灯睡觉容易使人推迟入睡时间，而且较难进入深睡阶段。

了不起 liǎobuqǐ *adj.*

了不起的人 / 真了不起 amazing, extraordinary

❶你太了不起了！恭喜！
❷他会说五种语言，真了不起。

陆续 lùxù *adv.*

陆续离开 / 陆续走了 one after another

❶我们公司已经陆续接了几个工程，相信会越来越好。

❷考试结束了，大家陆续走出考场。

美术 měishù *n.*

美术作品 / 学美术 fine arts

❶社长，我们出版社还需要美术编辑吗？
❷我小时候最爱上美术课。

魅力 mèilì *n.*

散发魅力 / 魅力十足 charm, fascination

❶足球运动可以说是当今世界上开展最广、影响最大、最具魅力的体育项目。
❷他现场演奏的魅力征服了每个观众。

秘密 mìmì *n. & adj.*

保守秘密 / 秘密文件 / 秘密空间 secret; secret

❶我们每个人都有属于自己的秘密。
❷主人为什么愿意把秘密告诉宠物呢？

苗条 miáotiao *adj.*

特别苗条 / 苗条的身材 slim, slender

❶她苗条的身材让人非常羡慕。
❷姐姐长得身材苗条，面目清秀。

明确 míngquè *adj.*

目标明确 / 明确指示 clear, explicit

❶男人去超市时普遍都目标明确，他们非常清楚自己到底要买什么。
❷如果没有一个明确的人生目标，就很难取得事业上的成功。

陌生 mòshēng *adj.*

环境陌生 / 感到陌生 / 陌生人 strange, unfamiliar

❶小李初入职场，对一切都感到新鲜、陌生。
❷他回到故乡，觉得一切都变得陌生了。

难怪 nánguài *adv.*

难怪他这么成功 / 难怪这样 no wonder

❶你老对别人冷言冷语的，难怪人缘不好。
❷他打仗善于出奇制胜，难怪敌人闻风丧胆。

女士 nǚshì *n.*

女士们 / 各位女士 lady, madam

❶在一个盛大的晚会上，风度翩翩的男士落落大方地邀请女士们跳舞。
❷一位女士抱怨道：我活得特别不开心，因为我丈夫经常出差不在家。

平静 píngjìng *adj.*

平静的湖水 / 平静的内心 calm

❶一阵狂风吹来，平静的海面突然翻起了波浪。
❷虽然内心很紧张，可她的表情很平静。

破产 pòchǎn *v.*

公司破产 / 破产保全 go bankrupt

❶这家公司因为某些原因突然破产了。
❷由于经营不善，那家公司破产了。

期待 qīdài *v.*

期待未来 / 对这部电影十分期待 expect, look forward to

❶ 爸爸妈妈期待我成为有用的人才。
❷ 人们期待水变清天变蓝，生态环境进一步改善。

奇迹 qíjì *n.*

一个奇迹 / 创造奇迹 / 奇迹的故事 miracle

❶ 中国的长城是世界七大奇迹之一。
❷ 我们要想成功，创造奇迹，仅仅做到尽力而为还远远不够，必须要用尽全力才行。

欠 qiàn *v.*

欠钱 / 欠人情 owe, lack

❶ 这个人是我的朋友，她没有钱了，她欠你的饭菜钱我替她还，好吗？
❷ 我最大的缺点是有时说话欠考虑。

情景 qíngjǐng *n.*

一个情景 / 感人的情景 scene

❶ 由于植树种草，漫天风沙的情景少见了。
❷ 我常常回忆起儿时跟小伙伴一起玩耍的情景。

球迷 qiúmí *n.*

一个球迷 / 疯狂的球迷 (ball game) fan

❶ 我还算不上真正意义上的球迷。
❷ 有位篮球运动员身高只有一米六五，但

中频

是他在比赛中的成绩却十分突出。他很受球迷欢迎。

权利 quánlì *n.*

有权利 / 维护权利 / 权利与义务 right

❶每个儿童都拥有受教育的权利。
❷消费者要学会维护自己的权利。

群 qún *m.w.*

人群 / 一群羊 / 一群孩子 group

❶我舅舅在草原上养了一群羊。
❷湖水清澈见底，一群群小鱼来往其间。

沙漠 shāmò *n.*

一片沙漠 / 沙漠地区 desert

❶沙漠中，两个迷路的人都只剩下小半瓶水了。
❷一队骆驼在沙漠上昂首阔步地向前走去。

傻 shǎ *adj.*

傻事 / 很傻 foolish

❶别看他平时傻乎乎的样子，可在工作上一点儿也不马虎。
❷你怎么总是做傻事呀？

商品 shāngpǐn *n.*

销售商品 / 各种商品 commodity, goods

❶女人逛超市普遍都是满心欢喜地寻找自己喜欢的商品，并乐此不疲。
❷推销员热情地向顾客介绍商品。

中频

舍不得 shěbude

舍不得吃 / 舍不得花钱 / 舍不得王老师 be reluctant to part with

❶我们十分留恋这所房子，真舍不得搬家。
❷妈妈舍不得离开孩子。

射击 shèjī *v.*

准备射击 / 射击游戏 / 射击比赛 shoot

❶实弹射击时，我屏气凝神地注视着靶心。
❷听我命令，准备射击！

升 shēng *v.*

升高 / 升起来 rise, raise

❶太阳落了，明天还会升起来。
❷气温最近一直在升高。

生长 shēngzhǎng *v.*

植物生长 / 生长过程 / 不断生长 grow

❶植物生长需要阳光、水分和空气。
❷植物的年轮既可以反映植物的实际生长状况，又可以反映环境条件的变化。

实验 shíyàn *n.*

一项实验 / 实验结果 experiment

❶经过无数次挫折，我们的实验终于取得了成功。
❷张教授临时让我写一份实验报告。

事实 shìshí *n.*

一个事实 / 重要的事实 / 事实证明 fact

❶事实有可能并非如此。
❷他们其实忽略了一个很重要的事实，那就是：走别人没有走过的路，往往有更多的机会，更容易获得成功。

收据 shōujù *n.*

一份收据 / 保存收据 receipt

❶小王把收据放在信封里了。
❷请保存好收据，这是唯一的凭证。

手套 shǒutào *n.*

一双手套 / 戴手套 glove

❶戴着手套与人握手是不礼貌的。
❷女朋友送我一双手套。

鼠标 shǔbiāo *n.*

一个鼠标 / 新鼠标 / 用鼠标 / 鼠标坏了 mouse

❶这是我新买的鼠标。
❷这个鼠标坏了，你再给我买一个吧。

数码 shùmǎ *adj.*

数码相机 / 数码产品 digital

❶数码相机被我姐姐摔坏了。
❷在数码电视上我们能欣赏到较好的画面和声音。

缩短 suōduǎn *v.*

缩短距离 / 缩短时间 shorten

❶我们要努力发展科学技术，缩短同发达

中频

国家之间的距离。
❷高速公路大大缩短了城市之间的距离。

逃 táo *v.*

逃走 / 逃难 / 逃出来 escape, flee

❶那只兔子带着枪伤成功地逃回到家里。
❷婚姻就像一座城，城外的人想冲进去，城里的人却想逃出来。

特色 tèsè *n.*

一种特色 / 有特色 / 特色产品 characteristic, feature

❶庐山的冬季之旅别具特色。
❷满汉全席不仅有宫廷菜的特色，还有地方风味之精华。

中频

提问 tíwèn *v.*

积极提问 / 提问交流 raise a question

❶课堂上老师提问时，有个同学总是举手，可老师叫他回答问题时，他却答不出来，引得其他同学哈哈大笑。
❷演讲结束之前，老教授请大家提问交流。

推辞 tuīcí *v.*

不断推辞 / 推辞工作 decline, refuse

❶下一期的工程就由你来负责吧，你别再推辞了，我相信你的能力。
❷爸爸是个热心肠，谁有事求他，他都不推辞。

完善　wánshàn　*v. & adj.*

很完善 / 不够完善 / 完善方案　improve; perfect

❶好的，等计划完善之后我马上就交给您。
❷经过几天的讨论和修改，这个计划日臻完善了。

完整　wánzhěng　*adj.*

很完整 / 完整的故事 / 完整保存　complete

❶虽然经历了炮火的洗礼，桥上的石狮子还是完整地保存了下来。
❷图书馆完整地保存了不少历史资料。

往返　wǎngfǎn　*v.*

往返学校 / 往返机票 / 往返路程　travel to and fro

❶麻烦您帮我预订一下往返的机票。
❷我经常往返于上海和北京这两座城市。

危害　wēihài　*v.*

危害健康 / 严重危害　damage

❶我们这里先前风沙危害严重，经过治理，现在树长高了，风也小了。
❷缺乏睡眠会严重危害健康。

唯一　wéiyī　*adj.*

唯一一个 / 唯一的选择　only, sole

❶聪明伶俐的妹妹唯一的缺点就是淘气。
❷作为家中唯一的孙子，小明得到了爷爷奶奶的百般宠爱。

文字 wénzì *n.*

中国文字 / 古老的文字 / 文字记录　writing, character

❶甲骨文大约产生于商周之际，是目前发现的中国最古老的文字。

❷象形文字和拼音文字有着迥然不同的书写方式。

无数 wúshù *adj.*

无数的人 / 无数文章 / 获奖无数　countless

❶悠久的历史给我们留下了无数具有极高审美价值和文化价值的古迹。

❷无数革命先烈抛头颅洒热血，才换来今天的幸福生活。

武术 wǔshù *n.*

中国武术 / 武术课 / 学习武术　martial arts

❶少林寺位于中国河南省的登封市，是少林武术的发源地。

❷很多外国人对中国武术很感兴趣。

物理 wùlǐ *n.*

学习物理 / 物理老师 / 物理课　physics

❶《梦溪笔谈》详细记载了天文、地理、物理、农学和医学等方面的研究成果。

❷物理是中学阶段的必修课。

物质 wùzhì *n.*

物质基础 / 复杂的物质　substance, material

❶这种物质燃烧后会释放出大量的有毒

气体。

❷当一个人有了一定的物质基础之后，工作就有了新的意义，或者是实现自我价值，或者是能给自己带来快乐。

吸收 xīshōu *v.*

吸收营养 / 吸收水分 / 全部吸收 absorb

❶多晒太阳可以促进身体对钙的吸收。

❷仙人掌的根十分发达，一旦下雨就会大量吸收水分，从而满足自身的生长需要。

鲜艳 xiānyàn *adj.*

真鲜艳 / 颜色鲜艳 / 鲜艳的花儿 bright-colored

❶这领带的颜色太鲜艳了，我看还是算了吧。

❷维吾尔族姑娘穿着鲜艳的民族服装翩翩起舞。

小气 xiǎoqi *adj.*

特别小气 / 小气的人 stingy, mean

❶她怎么这么小气！

❷他特别小气，从来不请客。

形势 xíngshì *n.*

经济形势 / 形势危急 situation

❶我们只有正确地估计形势，抓住现在，才能有所作为。

❷投资之前你必须正确地判断经济形势。

兄弟 xiōngdi *n.*

一对兄弟 / 兄弟感情 brothers

❶他们兄弟俩长得太像了，简直一模一样。
❷我们兄弟几个的样子都像妈妈。

宣布 xuānbù *v.*

宣布消息 / 严肃地宣布 declare, announce

❶经理刚才宣布了一个消息：大家都是一家人，虽然公司有困难，但不能丢掉任何人，只是没有奖金了。
❷她满面春风的宣布了自己升职的消息。

严肃 yánsù *adj.*

很严肃 / 严肃的问题 / 表情严肃 solemn

❶今天的会场布置得严肃而隆重。
❷会场气氛很严肃，人人都很紧张。

痒 yǎng *adj.*

特别痒 / 手痒 / 脚痒 itchy

❶女儿好像吃海鲜过敏了，脸上又红又痒。
❷鼻子痒痒的，还老打喷嚏，流鼻涕，我这是怎么了？

议论 yìlùn *v. & n.*

发表议论 / 大胆议论 / 议论别人 comment; comment

❶有的人好发议论，总是不善于克制自己。
❷不要在背后议论别人，以免影响团结。

银 yín *n.*

银色 / 银手链 silver

❶这款银色的冰箱是我们今年卖得最好的，您看看喜不喜欢。

❷你们卖的这个是银的吧？

硬 yìng *adj.*

很硬 / 十分硬 / 硬闯 / 硬要做 hard, tough

❶寄居蟹、藤壶、蚬和螺有很硬的壳来保护自己。

❷我们做事情时会碰到许多困难和障碍，这个时候我们不一定要硬闯过去，我们可以选择其他途径，也许这样做反而会更加顺利。

语气 yǔqì *n.*

生气的语气 / 语气不好 tone

❶听他的语气，好像不太高兴。

❷你不应该用这种语气和妈妈说话。

愿望 yuànwàng *n.*

我的愿望 / 生日愿望 / 实现愿望 / 愿望很多 wish

❶考上理想的大学，一直是我梦寐以求的愿望。

❷新的一年开始了，你的愿望是什么？

运输 yùnshū *v.*

运输商品 / 运输费用 transport

❶这列火车运输了一批木材到南方去。

❷我们向灾区运输食物和水。

再三 zàisān *adv.*

再三强调 / 再三考虑 over and again

❶经理觉得他们所有人说的话都很有道理，权衡再三决定不裁员。
❷经过再三考虑，他决定自己创业。

赞美 zànměi *v.*

值得赞美 / 赞美英雄 praise

❶我到底要怎样做才能得到赞美？
❷这种奉献精神永远值得赞美。

中频

占 zhàn *v.*

占座 / 占比 / 占着位置 take up

❶请问你如何看待大学生在图书馆占座这一现象？
❷吐鲁番位于新疆中部，是中国葡萄的主要生产基地，总产量占全中国的五分之一。

真实 zhēnshí *adj.*

很真实 / 真实的故事 real

❶所谓优秀，是指一个人的内在品质，即有高尚的人格和真实的才学。
❷这部小说真实地反映了农村生活。

政府 zhèngfǔ *n.*

市政府 / 政府部门 government

❶这个文件体现了政府对残疾人的关怀。

❷这届政府确定了一系列保持经济发展的政策。

支票 zhīpiào *n.*

一张支票 / 开支票 check

❶货到付款，支票或现金都行，我们确认到账后马上就开发票。

❷我给你开支票，可以吗？

周到 zhōudào *adj.*

特别周到 / 周到的考虑 considerate

❶这家饭店的服务特别周到。

❷他想得很周到，连很多小问题都注意到了。

注册 zhùcè *v.*

注册公司 / 注册会员 / 成功注册 register

❶我们公司是经国家相关部门批准注册的企业。

❷我在香港注册了一家公司。

爱护 àihù *v.*

爱护孩子 / 爱护动物 / 关心爱护 care for

❶宠物也需要人们的关心和爱护。

❷我们要学会爱护环境。

爱惜 àixī *v.*

十分爱惜 / 爱惜时间 cherish

❶我们要爱惜时间，就像爱惜自己的生命一样。

❷大雁很爱惜自己的羽毛。

爱心　àixīn　*n.*

有爱心 / 培养爱心　love, affection

❶养宠物有助于培养人们的爱心和责任感。
❷善良的人往往都乐于报名做志愿者，献自己的爱心。

暗　àn　*adj.*

太暗了 / 暗处　dark

❶卧室里太暗了。
❷兼听则明，偏信则暗。

薄　báo　*adj.*

太薄了 / 薄被子　thin

❶这幅窗帘儿太薄了。
❷你的被子是不是太薄了？

保留　bǎoliú　*v.*

保留意见 / 保留传统　retain, keep

❶许多代表对这个提议持保留态度。
❷西安至今还保留着古老的城墙。

标志　biāozhì　*n.*

胜利的标志 / 标志物　sign, symbol

❶每次比赛之前，我都要仔细记下一些比赛线路周围的标志。
❷看地图时，要先看看下面列出的各种标志。

不得了 bùdéliǎo *adj.*

高兴得不得了 / 贵得不得了 extremely

❶见到舅舅来了，小杰欢喜得不得了。
❷运动会赢得了第一名，他骄傲地不得了。

步骤 bùzhòu *n.*

三个步骤 / 按步骤 / 实施步骤 step

❶你再仔细看看说明书，按照上面的步骤来，不行的话我明天去帮你。
❷这两种方案其实很相似，除了实施的步骤以外，其他几乎都是一样的。

彩虹 cǎihóng *n.*

一道彩虹 / 彩虹桥 rainbow

❶雨后很容易看到彩虹。
❷黄山夏季经常能见到彩虹。

参考 cānkǎo *v.*

参考意见 / 参考答案 / 参考一下 refer to

❶企业文化的本质是人性化，在没有任何规定及参考时，文化起着决定性的作用。
❷处理这一类问题，你可以参考一下他的经验。

操心 cāoxīn *v.*

操心别人 / 不用操心 / 瞎操心 worry about

❶这次旅游是我们单位组织的，什么都不用我们操心。
❷我的事你就别操心了，照顾好你自己就

行了。

拆　chāi　*v.*

拆开 / 拆快递 / 拆房子　tear open

❶ 小李拆开信封，里面是大学录取通知书。
❷ 这个商品可以拆洗。

吵　chǎo　*adj. & v.*

吵闹 / 吵醒 / 吵了一天　noisy; make a noise

❶ 这个地方实在是太吵了。
❷ 我被他们吵醒了。

中频

车厢　chēxiāng　*n.*

一号车厢 / 车厢门口　carriage

❶ 正是上班的高峰，车厢里挤满了人。
❷ 请问餐车在几号车厢？

成分　chéngfèn　*n.*

果汁成分 / 营养成分 / 成分复杂　ingredient, element

❶ 蔬菜和水果通常都含有大量维生素，虽然它们在营养成分和健康效果上有很多相似之处，但又各有特点。
❷ 这次成功有很大的偶然成分，故不足为训。

成果　chéngguǒ　*n.*

优秀成果 / 成果展示　gain, achievement

❶ 我国科学家赴南极考察取得了丰硕成果。

❷一个人取得的报酬和成果，与他所付出的努力有着极大的关系。

抽象 chōuxiàng *adj.*

抽象派 / 比较抽象 / 抽象的概念 abstract

❶这幅画的内容过于抽象，让人很费解。
❷这个理论对我来说太抽象了。

此外 cǐwài *conj.*

besides, in addition

❶公园里有成片的海棠、月季，此外还有几丛樱花。
❷我主修的是广告，此外还辅修了销售管理。

匆忙 cōngmáng *adj.*

匆匆忙忙 / 紧张匆忙 / 匆忙赶到 hasty, in a rush

❶在紧张、匆忙的生活中，每天拿出一点儿时间去多读几页书，多学一点儿实用的知识，多留意一些别人不在意的事情，不经意间，你的积累也许就能在关键时刻助你一臂之力。
❷昨天他跟我打招呼的时候很不在意，也许他真的比较匆忙，也许这种匆忙是他装出来的，其实他内心对我是非常不满的。

从此 cóngcǐ *adv.*

从此开始 / 从此改变 from then on

❶从此，他再也不肯出力气劳动了。
❷愿你从此步步青云直上，一帆风顺。

催 cuī *v.*

催促 / 催人 / 催他一下 urge

❶好的，您稍等，我马上去催一下。
❷你别一直催我，快了，下个路口左拐就到了。

待 dāi *v.*

待在家里 / 待在这里 stay

❶将来我也会送给你一辆这样的车，到那时你就不用每天都待在家里了。
❷看电视使我们减少了社会活动，有了电视，我们不再喜欢去和朋友一起玩儿，很多人靠待在家里安安稳稳地看电视来打发时间。

单调 dāndiào *adj.*

十分单调 / 单调的生活 dull, monotonous

❶这部电影故事情节太单调，一点儿意思都没有。
❷这幅画色彩有些单调。

淡 dàn *adj.*

颜色淡 / 口味很淡 / 淡季 light, indifferent

❶味道还不错，就是稍微淡了点儿。
❷如今，很多人换新工作时，把工资的增长看得越来越淡了。

地道 dìdao *adj.*

说话地道 / 地道的饭菜 pure, authentic

❶很多四川人都说这个饭店做的川菜是最

地道的。
❷这里的水煮鱼做得很地道，你快尝尝。

独特 dútè *adj.*

思维独特 / 独特的方法 unique

❶这盆花的造型非常独特。
❷我喜欢荷花，它长在泥塘里，以自己独特的品质出淤泥而不染。

否定 fǒudìng *v. & adj.*

否定别人 / 否定观点 / 否定答案 negate; negative

❶永远不要急于否定一个人。
❷他否定了我的观点。

扶 fú *v.*

扶手 / 扶一下 / 扶着他 / 扶贫助学 / 救死扶伤 support, help

❶他扶着脚有毛病的哥哥出来了，在台阶上坐下。
❷选对爱人，相扶一生。

改正 gǎizhèng *v.*

努力改正 / 改正错误 correct, remedy

❶对待错误的最佳方法不是回避，也不是掩饰，而是改正。
❷你必须积极地改正错误。

赶快 gǎnkuài *adv.*

赶快来 / 赶快完成 immediately, without delay

❶我赶快把我的手机给他递了过去。
❷那你赶快去取吧，我就在这儿等你。

各自 gèzì *pron.*

各自生活 / 各自的意见 each, respective

❶毕业生都分配到了能发挥各自专长的工作，真是得其所哉。
❷我和他交换了各自的意见。

工人 gōngrén *n.*

一名工人 / 勤劳的工人 / 工人运动 worker

❶这几年公司发展得很不错，每年春节前都会给工人发两个月的奖金。
❷这家服装厂有一百多名工人。

公元 gōngyuán *n.*

公元前 / 公元二世纪 Christian era

❶青瓷约在公元一世纪的东汉时期烧制成功。
❷甲骨文很好地记录了公元前三千多年以前中国人祖先的活动。

构成 gòuchéng *v.*

构成图画 / 构成故事 constitute, form

❶这种靠水力驱动的古老筒车是中国古人的伟大发明，在各地山间、溪流间构成了一幅幅古老的田园春色图。
❷这部动画片由许多小故事构成。

姑娘 gūniang *n.*

漂亮的姑娘 / 小姑娘 girl, young lady

❶一个姑娘和一个小伙子结婚了，他们婚后的生活十分幸福。
❷姑娘们伴随着欢快的乐曲翩翩起舞。

关闭 guānbì *v.*

关闭大门 / 关闭手机 / 紧急关闭 close, shut

❶这家工厂因缺少资金而关闭了。
❷机场已经关闭了。

滚 gǔn *v.*

滚下山 / 滚到底下 roll

❶我以为我穿上滑雪板哧溜一下就能滑下去，实际上，我是从山顶滚到了山下，摔了很多个跟头。
❷失去控制的车滚下了山坡。

恨 hèn *v.*

恨你 / 可恨 / 别恨我 hate

❶我不恨你。
❷一位女士责备道："我最恨这种人了！"

机器 jīqì *n.*

一台机器 / 机器坏了 / 机器人 machine

❶工地上轰隆的机器声，吵得附近的居民没有宁日。
❷这个机器能找零吗？我忘带零钱了。

肌肉 jīròu *n.*

背部肌肉 / 肌肉拉伤 / 肌肉发达 muscle

❶我周末去滑冰时不小心摔了，把腿上的

肌肉也给拉伤了。
❷他运动时不小心拉伤了肌肉。

激烈 jīliè *adj.*

竞争激烈 / 激烈的讨论　intense, fierce

❶这两个公司的竞争特别激烈。
❷你觉得要想在竞争激烈的社会中站稳脚跟并成就一番事业，最重要的是什么？

及格 jígé *v.*

考试及格 / 及格线　pass a test

❶他这次考试终于及格了。
❷我这次考试门门都及格了。

中频

急忙 jímáng *adv.*

急忙出门 / 急忙解释　hastily

❶要迟到了，小刚急忙背起书包向学校跑去。
❷上课铃响了，同学们急忙走进教室。

假如 jiǎrú *conj.*

if, in case

❶这个沿街流浪的乞丐每天总在想，假如我手里有几万块钱就好了。
❷假如没有水，地球上的生物还能活吗？

坚强 jiānqiáng *adj.*

坚强的人 / 坚强的意志　strong, staunch

❶你一定要坚强地活下去。
❷他凭着坚强的意志战胜了病魔。

健身 jiànshēn *v.*

热爱健身 / 健身房 keep fit

❶研究者发现，那些在适度健身的管理者手下工作的员工，他们的日子似乎过得轻松多了。

❷健身的方法很多，譬如散步、长跑、打太极拳等都很好。

讲究 jiǎngjiu *n. & v.*

attention to detail; pay particular attention to

过分讲究 / 讲究效率 / 讲究礼仪

❶筷子是中餐最主要的用餐工具，在使用上也有很多讲究。

❷我们平时说话，既要注意谈话的态度、措辞，顾及周围的环境、场合，也要讲究所谈的内容。

教材 jiàocái *n.*

一本教材 / 中文教材 / 使用教材 teaching material

❶这本书的内容浅显易懂，非常适合做孩子的启蒙教材。

❷我的那个教材项目领导昨天已经同意了，并且批下来了。

结实 jiēshi *adj.*

身体结实 / 结实的房子 / 结实的鞋子 sturdy, strong

❶小明坚持锻炼，身体很结实。

❷这双鞋很结实，我都穿了很多年了。

接待 jiēdài *v.*

接待客人 / 热情地接待 receive

❶接待客人要热情，不要冷落了人家。
❷他妈妈热情地接待了我们。

结论 jiélùn *n.*

一个结论 / 得出结论 / 调查结论 conclusion

❶你们这次调查的结论是什么？
❷事情还没有调查清楚，不能急于下结论。

届 jiè *m.w.*

上一届 / 这一届 / 换届 session, class

❶上届乒乓球赛的冠军，这次却被一个名不见经传的小将打败了。
❷首届中国国际新媒体短片颁奖礼在深圳举行。

经典 jīngdiǎn *adj.*

经典故事 / 经典电影 / 经典作品 classical

❶在创作方法上，有现实主义流派，还有浪漫主义流派，很多经典作品则两者兼具，因而成为优秀的文学遗产。
❷现在不少经典都被改编成了电影、电视剧。

具备 jùbèi *v.*

具备能力 / 具备优点 / 充分具备某条件 have, possess

❶很多人认为婴儿出生后才具备视力，其实，视觉最早产生是在胎儿期。

❷优秀的领导者应该具备哪些特点？

俱乐部 jùlèbù *n.*

一家俱乐部 / 俱乐部活动 club

❶我昨天在楼下那家健身俱乐部办了一张游泳卡。

❷我们俱乐部这个礼拜天有摄影活动，你有兴趣吗？

角色 juésè *n.*

一个角色 / 重要角色 / 角色扮演 role, part

❶他对角色的准确把握令人佩服。

❷他在公司里是个举足轻重的角色。

可见 kějiàn *adj. & conj.*

可见光 / 由此可见 visual; it is thus clear that

❶碧绿的草原一望无际，远处的牛羊隐约可见。

❷可见，你的工作方式越透明，老板就越想给你更多的管理空间。

可靠 kěkào *adj.*

不可靠 / 可靠的朋友 reliable

❶这样的人最可靠，很少出乱子。

❷那家公司可靠不可靠？

可怕 kěpà *adj.*

非常可怕 / 可怕的故事 awful, terrible

❶失败并不可怕，可怕的是自暴自弃。

❷昨天晚上我做了一个可怕的梦。

克服 kèfú *v.*

克服困难 / 努力克服 / 克服不了 overcome

❶你要想干成事情，首先就得克服胆子小的毛病。
❷有困难就克服克服，不要总是逃避。

课程 kèchéng *n.*

一门课程 / 网络课程 / 课程任务 course

❶听说你在读网络课程？
❷我这学期的课程很多，又忙又累。

口味 kǒuwèi *n.*

我的口味 / 口味独特 taste

❶这菜合不合你口味？
❷这道菜口味独特。

中频

宽 kuān *adj.*

很宽 / 宽度 / 宽极了 wide

❶他用尺子量了量房间的长度和宽度。
❷我家附近有一条很宽的河。

姥姥 lǎolao *n.*

maternal grandmother

❶姥姥，您慢点儿，小心台阶。
❷姥姥的话给我留下了深刻的印象。

厘米 límǐ *m.w.*

一厘米 / 十厘米 centimeter

❶青蛙的身体胖胖的，有的身体足有七八厘米长。

❷厘米是米的百分之一。

利润 lìrùn *n.*

很高的利润 / 利润增加 profit

❶这家公司的销售额和利润都大大增加了。
❷经商的目的就是为了获取利润。

利益 lìyì *n.*

公司利益 / 利益关系 interest

❶这位少年也被金矿的巨大利益所吸引，加入了去山里寻找金矿的行列。
❷我不能为了个人利益而损害集体利益。

浏览 liúlǎn *v.*

浏览网页 / 浏览书籍 / 浏览器 browse

❶如今中学生可以在网上浏览世界，认识世界，了解世界最新的新闻信息、科技动态等。
❷爸爸读报，总是先浏览一下各版的标题，然后再仔细阅读重要新闻。

陆地 lùdì *n.*

一块陆地 / 陆地面积 land

❶地球上海洋的面积比陆地大得多。
❷在海洋里漂泊的人，只要看到一块陆地，就会感到幸福。

轮流 lúnliú *v.*

轮流开车 / 轮流照顾 take turns

❶你休息会儿，我们还是轮流开车比较安全。

❷我和同屋轮流打扫房间。

骂 mà *v.*

骂人 / 挨骂 / 大声骂 curse

❶打架骂人是不文明的行为。
❷你真的愿意和一个赢了就趾高气扬、输了就要骂人的人下棋吗？

麦克风 màikèfēng *n.*

一个麦克风 / 拿着麦克风 microphone

❶服务员，这个麦克风没有声音，麻烦你帮我换一个。
❷他拿着麦克风一边唱一边跳。

名胜古迹 míngshèng gǔjì *n.*

historical sites and scenic spots

中国的名胜古迹 / 参观名胜古迹

❶我这周打算和朋友去西安看看名胜古迹。
❷中国的各大名胜古迹，你最喜欢哪儿呢？

明星 míngxīng *n.*

大明星 / 明星出场 star

❶这个明星是那样的平易近人，没有一点儿架子。
❷这次演唱会来了很多明星。

摸 mō *v.*

摸一下 / 摸起来 / 摸脸 touch

❶这条围巾不错，很柔软，摸起来也特别舒服。

❷老人摸了摸孩子的脸。

模糊 móhu *adj.*

模模糊糊 / 记忆模糊 / 模糊的印象 blurred, vague

❶去年，我在海边游泳，游着游着，眼前一下子变得昏暗模糊起来。
❷奶奶死得早，我只有一点儿模糊的印象。

哪怕 nǎpà *conj.*

哪怕只有一个也好 even if

❶哪怕遇到再大的困难我们也能克服。
❷哪怕不睡觉，我也要完成任务。

难免 nánmiǎn *adj.*

难免多心 / 难免犯错误 can hardly avoid

❶有时候，人难免会多心。
❷同学之间难免磕磕碰碰，要提倡互相谅解。

能干 nénggàn *adj.*

真能干 / 能干的妈妈 capable

❶他既年轻又能干，很有培养前途。
❷结婚后她变得很能干。

能源 néngyuán *n.*

清洁能源 / 石油能源 / 能源公司 energy resources

❶能源是人类进行活动的物质基础。
❷煤是一种不可再生能源吗？

牛仔裤 niúzǎikù *n.*

一条牛仔裤 / 好看的牛仔裤 jeans

❶这几条牛仔裤我都要了。
❷我昨天在网上买了一条牛仔裤，质量很不错。

偶然 ǒurán *adj.*

偶然的机会 / 偶然遇见 accidental

❶最好的东西，往往都不是偶然得来的。
❷一个偶然的机会，他当上了演员。

频道 píndào *n.*

电视频道 / 不同频道 / 换频道 channel

❶这部连续剧最近好几个频道都在放，你看了没？
❷妈，别换频道，马上就是网球决赛了。

期间 qījiān *n.*

节日期间 / 放假期间 / 工作期间 time, period

❶春节期间，我们去乡下看望了爷爷奶奶。
❷你寒假期间都忙什么呢？

其余 qíyú *pron.*

其余的人 / 其余的问题 / 其余部分 the rest

❶除了那棵枣树，其余的树都发芽了。
❷你把这箱苹果拿走，其余几箱我来分发。

谦虚 qiānxū *adj.*

很谦虚 / 谦虚的人 / 谦虚的孩子 modest

❶谦虚使人进步，骄傲使人落后。

❷他得过多次冠军，可他谦虚得很。

浅 qiǎn *adj.*

浅一些 / 浅色 / 深浅 light

❶一般来说，颜色浅淡鲜亮的车比深色车要安全一些。

❷小明刚学会游泳，只能在浅水区游。

抢 qiǎng *v.*

抢钱 / 抢别人东西 / 抢走 / 抢回来 rob

❶光天化日下抢钱包，你真是胆大包天。

❷他把我那本书抢走了。

轻易 qīngyì *adj. & adv.*

轻易放弃 / 轻易找到 easy; easily

❶犀牛横冲直撞时，可以轻易把一辆汽车掀翻。

❷他很轻易地找到了一份满意的工作。

请求 qǐngqiú *v. & n.*

请求帮助 / 不断请求 / 再次请求 request; request

❶当孩子请求帮助时，父母不要包办代替，而应该表示相信孩子自己的能力。

❷经过他再三请求，经理才准了他的假。

趋势 qūshì *n.*

市场趋势 / 明显的趋势 trend

❶越来越多的人接受高层次教育，是教育发展的必然趋势。

❷随着生活节奏的不断加快，人们的读书时间呈现整体下滑趋势。

去世 qùshì *v.*

老人去世 / 去世多年 pass away

❶老人几天前已经去世了。
❷听到奶奶去世的消息，她哭得泣不成声。

权力 quánlì *n.*

权力中心 / 很大的权力 / 权力下放 power, authority

❶国家干部要正确行使人民赋予的权力。
❷在公司里，董事会的权力很大。

绕 rào *v.*

绕着飞 / 绕圈子 / 绕过去 make a detour

❶飞机能够在两点之间直飞，但如果前面有个大气流，飞机只能绕过大气流飞行。
❷他的性格非常直爽，有话直说，不喜欢绕圈子。

日用品 rìyòngpǐn *n.*

买日用品 / 很多日用品 / 日用品商店 daily necessities

❶我昨天上街购买了一些日用品。
❷我刚在网上买了一些日用品。

软 ruǎn *adj.*

发软 / 软软的 soft

❶刚刚烤好的面包软软的，奶油和小麦的香味精妙地混合，软乎乎的口感，简直太诱人啦。
❷绿油油的草地像一张软绵绵的地毯。

弱 ruò *adj.*

减弱 / 越来越弱 / 身体弱 weak

❶他的身体越来越弱，都没力气说话了。
❷午后，风力将逐渐减弱。

闪电 shǎndiàn *n.*

一道闪电 / 天空中的闪电 lightning

❶外面又是闪电又是打雷的，咱们一会儿再走吧。
❷他利用身体灵活这一优势，以闪电般的速度把那些人高马大的对手搞得晕头转向。

神秘 shénmì *adj.*

很神秘 / 神秘的传说 mysterious

❶在古代，月亮对于人们来说是十分神秘的。
❷魔术师故作神秘，引起了大家的兴趣。

诗 shī *n.*

一首诗 / 诗人 / 写诗 poem

❶诗的题材非常广泛，涉及自然、社会、情感等各个方面。
❷一位诗人写了不少的诗，但一直没有什么名气。

时代 shídài *n.*

一个时代 / 过去的时代 age, times

❶ 古罗马时代，暴虐的帝王特别喜欢把人丢进斗兽场，看着猛兽把人吃掉。

❷ 如果回到没有手机的时代，我们的生活将会变成什么样呢？

实用 shíyòng *adj.*

很实用 / 实用的知识 / 实用的工具 practical

❶ 这座楼房不但坚固实用，样式也很美观。

❷ 男人一般比较喜欢实用的礼物。

事物 shìwù *n.*

一种事物 / 观察事物 / 神秘的事物 thing, object

❶ 我们要学会从不同的角度去观察事物。

❷ 年轻人思想敏感，容易接受新鲜事物。

事先 shìxiān *n.*

事先安排 / 事先通知 in advance

❶ 院长不喜欢别人事先未经安排就要他即席讲演。

❷ 你要来的话，请事先通知我。

手工 shǒugōng *n.*

手工产品 / 做手工 / 手工制作 handwork

❶ 我妈妈平时喜欢做点儿小手工。

❷ 您的眼光真好，这是纯手工制作的。

寿命 shòumìng *n.*

寿命很长 / 使用寿命 life span

❶适当地锻炼身体能延长寿命。
❷他千方百计地延长旧机器的使用寿命。

熟练 shúliàn *adj.*

动作熟练 / 熟练的技术 proficient

❶我觉得他们的动作好像还不太熟练，配合得不理想。
❷他对业务很熟练,得到了大家的一致赞扬。

甩 shuǎi *v.*

甩掉 / 甩开 leave behind

❶那只猎狗特别凶，你又带了伤，是怎么甩掉它的呢？
❷不要瞻前顾后，畏首畏尾，甩开膀子干吧！

说不定 shuōbudìng *adv.*

说不定能行 / 说不定也可以 maybe

❶我看他很有潜力，说不定这次比赛会一鸣惊人呢。
❷你是哪儿的人？说不定我们是同乡呢！

锁 suǒ *n. & v.*

锁门 / 上锁 / 一把锁 lock; lock

❶他出去时忘记锁门了。
❷一把钥匙一把锁，不要弄乱。

太太　tàitai　*n.*

王太太 / 一位太太　madam, wife

❶太太的精神一直不是很好，现在睡觉时间更少了。
❷老王，您太太的手术还顺利吗？

逃避　táobì　*v.*

逃避现实 / 逃避困难 / 无法逃避　escape, evade

❶遇到困难时不要逃避，应该积极地面对。
❷我们不能逃避现实。

疼爱　téng'ài　*v.*

非常疼爱 / 疼爱孩子　love dearly

❶每一个婴儿来到这世上，都受到了父母无微不至的关爱，那是一份不求回报的疼爱。
❷奶奶最疼爱小孙子了。

提倡　tíchàng　*v.*

提倡节约 / 提倡读书　advocate

❶世界读书日提倡我们多读书。
❷我们提倡节约，反对浪费。

天真　tiānzhēn　*adj.*

天真可爱 / 天真的孩子　innocent, artless

❶孩子可爱的脸上充满了天真的笑容。
❷孩子天真的笑容像冬天的太阳一样温暖。

调皮 tiáopí *adj.*

调皮的孩子 / 调皮的样子 naughty

❶你奶奶说你爸爸小时候比你调皮多了。
❷看着孩子调皮的样子，爸爸立刻就笑了。

透明 tòumíng *adj.*

透明的玻璃 / 透明的杯子 / 管理透明 transparent

❶漓江的水清澈透明，连江底的沙石都能看清。
❷空气是无色、透明的。

土豆 tǔdòu *n.*

一个土豆 / 吃土豆 / 土豆片 potato

❶土豆其实也是一种蔬菜。
❷爷爷最喜欢吃烤土豆了。

退步 tuìbù *v.*

成绩退步 / 明显退步 retrogress, fall behind

❶她的成绩退步了许多。
❷这学期孩子的成绩退步了。

万一 wànyī *conj.*

万一有事 / 万一出问题 just in case

❶你万一失手，鸡蛋就有可能全部打碎。
❷出门旅游要多带几件衣服，以防万一。

围巾 wéijīn *n.*

一条围巾 / 围围巾 / 漂亮的围巾 scarf

❶这条围巾很不错，很柔软，摸起来很舒服。

❷妈妈给我织了一条漂亮的围巾。

温柔 wēnróu *adj.*

温柔的性格 / 温柔的姐姐 gentle and soft

❶她又温柔又善良，脾气也好。
❷在大多数人眼里，粉色是温柔之色。

无所谓 wúsuǒwèi *v.*

丢了也无所谓 / 无所谓好坏 not matter, not care

❶只要你尽力了，就算是输了那也无所谓。
❷这是一场表演赛，无所谓输赢。

中频

现代 xiàndài *adj.*

现代艺术 / 现代科学 modern

❶这本书是现代经济学的权威著作。
❷你喜欢现代艺术吗？

项链 xiàngliàn *n.*

一条项链 / 珍珠项链 necklace

❶大部分女人都希望自己有一条昂贵的项链。
❷她把那串宝石项链弄丢了。

幸亏 xìngkuī *adv.*

幸亏有你 / 幸亏来了 fortunately; thanks to

❶洋洋，幸亏你开机了，你现在在哪儿呢？
❷幸亏你们来帮忙，否则我今天又要加班到很晚，太谢谢你们了。

学历 xuélì *n.*

本科学历 / 学历很高 educational background

❶学厨师，对学历没有要求。
❷学历是一时的知识，学习才是永久的智慧。

学术 xuéshù *n.*

做学术 / 学术研究 / 学术论文 / 学术问题 learning

❶他准备邀请几位专家出席此次学术讨论会。
❷他们经常坐在咖啡馆讨论学术问题。

移动 yídòng *v.*

移动桌子 / 移动的卡车 / 移动网络 move

❶汽笛响了三声，列车开始向前移动了。
❷为了使货车移动，司机想了许多办法，但都无济于事。

疑问 yíwèn *n.*

提出疑问 / 疑问很多 / 有疑问 question

❶下课了，老师走到小敏身边，耐心地解答她的疑问。
❷他的一番话解开了我心中的疑问。

应用 yìngyòng *v.*

灵活应用 / 充分应用 / 应用技术 use, apply

❶现在，计算机已经广泛应用到各个领域。
❷激光在军事、生产、生活等各个方面都得到了广泛的应用。

拥挤 yōngjǐ *adj. & n.*

交通拥挤 / 拥挤的道路 crowded; crowd

❶这一片人多车多，马路非常拥挤。
❷请大家排队上车，不要拥挤。

用途 yòngtú *n.*

产品的用途 / 用途广泛 use

❶磁卡使用方便，造价便宜，用途极为广泛。
❷我不了解这种新产品的用途。

娱乐 yúlè *n.*

娱乐节目 / 娱乐项目 / 休闲娱乐 entertainment

❶轻松的娱乐活动可以消除疲劳。
❷电视能给我们带来知识和娱乐，它带给我们的快乐是主要的。

与其 yǔqí *conj.*

rather than

❶与其游手好闲，不如踏踏实实找份工作。
❷这个博物馆内的每一件收藏品都是举世无双的瑰宝，与其浪费时间选择，还不如抓紧时间抢救一件算一件。

展览 zhǎnlǎn *n. & v.*

参观展览 / 展览的规模 / 展览馆 exhibition; exhibit

❶我们约好明天中午在展览馆入口处相见，一同参观展览。

❷这次展览的规模不是特别大。

战争 zhànzhēng *n.*

一场战争 / 战争结束 war

❶我希望世界和平，永无战争。
❷战争给这个地区带来了无尽的灾难。

账户 zhànghù *n.*

个人账户 / 账户密码 account

❶您好，您的账户里没有钱了。
❷您好，我想开一个新账户。

整个 zhěnggè *adj.*

整个人 / 整个夏天 / 整个比赛 / 整个过程 whole

❶整个校园里，到处都是琅琅的读书声。
❷清晨，整个山村笼罩在乳白色的云雾中。

正 zhèng *adj. & adv.*

摆正 / 正忙着 upright; just happening

❶摆正奋斗的方向比什么都重要。
❷他进来时，我正看电视呢。

证据 zhèngjù *n.*

拿出证据 / 证据表明 evidence

❶你有什么证据证明她偷了你的东西？
❷这只是个猜测，还缺乏有力的证据。

支 zhī *m.w.*

(measure word for long, thin objects, sport teams, etc.)

一支笔 / 一支球队

❶ 偌大的一间屋子里，一支蜡烛的光显得非常暗淡。
❷ 你觉得哪支球队能进决赛呢？

至今 zhìjīn *adv.*

至今没到 / 至今没有 until now

❶ 至今，大部分国家仍没有规定什么才是健康食品。
❷ 我们没告诉他这件事，所以他至今还不知道。

中频

至于 zhìyú *prep. & v.*

至于工资问题 / 不至于失业 as for; go so far as to

❶ 姐姐高考虽然不理想，但还不至于落榜。
❷ 我已尽了最大努力，至于成绩是好是坏那就听天由命吧。

治疗 zhìliáo *v.*

治疗方法 / 进行治疗 / 治疗过程 treat, cure

❶ 经过医生的精心治疗，他的病情有所好转。
❷ 不同的疾病需要不同的治疗方法。

中介 zhōngjiè *n.*

房屋中介 / 通过中介买房 intermediary

❶ 我爸当时找了一家中介，和他们签的

合同。

❷我是通过中介租的这个房子。

种类 zhǒnglèi *n.*

商品种类 / 种类很多 kind, type

❶黄海的生物种类比较多，数量也特别大，因此黄海周围的渔场数量很多。

❷乐器分很多种类。

组织 zǔzhī *n. & v.*

国际组织 / 组织学生 / 组织活动 organization; organize

❶他向组织汇报了近来的思想情况。

❷学校组织教师交流工作经验，推动教学改革。

低频词汇

报社 bàoshè *n.*

一家报社 / 报社记者 newspaper office

●我为报社写了一篇新闻报道。

被子 bèizi *n.*

一张被子 / 厚被子 quilt

●你的被子是不是太薄了？今晚换个厚点儿的吧。

彼此 bǐcǐ *pron.*

尊重彼此 / 彼此的习惯 / 彼此喜欢 each other

●我们应该尊重彼此的生活习惯。

辩论 biànlùn *v.*

一场辩论 / 辩论比赛 debate

●他们不想参与辩论。

标点 biāodiǎn *n.*

一个标点 / 标点错误 / 标点问题 punctuation

●另外，还有几处标点错误，你让她注意一下。

不见得 bújiànde *adv.*

不见得会来 / 不见得不行 not necessarily

●付出不见得就会成功。

插 chā *v.*

插在地上 / 插入土中 / 插蜡烛 insert

●吃饭时如果暂时离开，要把筷子轻轻放在桌子上或餐盘边，不能插在饭碗里，而且尽量不要发出任何响声。

长途 chángtú *adj.*

长途旅行 / 长途汽车 long-distance

●我们现在在长途汽车站。

常识 chángshí *n.*

基本常识 / 生活常识 common sense

●你怎么连最基本的生活常识都不知道？

诚恳 chéngkěn *adj.*

非常诚恳 / 诚恳道歉 sincere

●你去道歉的时候态度一定要诚恳。

丑 chǒu *adj.*

很丑 / 丑陋 / 献丑 ugly

●你的苹果个头太小了，颜色也不好，多丑啊。

传说 chuánshuō *n.*

一个传说 / 神秘的传说 / 传说故事 legend

●这里流传着很多美丽的传说。

促使 cùshǐ *v.*

促使人们进步 / 促使事情发生 urge, impel

低频

●他这样做其实能促使我们进步。

存在 cúnzài *v.*

存在问题 / 不存在 / 存在的意义 exist

●这篇调查报告忠实地反映了农村目前存在的问题。

大型 dàxíng *adj.*

大型活动 / 大型比赛 / 大型客车 large-scale

●经过半年的排练，这部大型的历史剧如期上演。

单纯 dānchún *adj.*

思想单纯 / 单纯的孩子 simple, pure

●单纯地对儿童进行识字教育，非但不能提升他们的阅读能力，反而有可能扼杀他们的阅读兴趣和热情。

单独 dāndú *adv.*

单独行动 / 单独说 alone

●老虎喜欢单独行动，常常独来独往。

倒霉 dǎoméi *adj.*

够倒霉的 / 倒霉的经历 unlucky

●我今天真倒霉，全车的人都坐下了，我还站着。

地震 dìzhèn *n.*

地震预兆 / 发生地震 earthquake

●地震属于不可抗拒的自然灾害。

顶 dǐng *v.*

顶着烈日 / 顶着压力 carry on the head, brave

●我们的船顶住了暴风雨，安然无恙。

豆腐 dòufu *n.*

一块豆腐 / 吃豆腐 tofu, bean cure

●李大妈做的豆腐特别好吃。

逗 dòu *adj. & v.*

逗你玩 / 逗孩子 funny; tease

●他和孩子们围着圈踢毽子，时不时和孩子们逗趣儿。

度过 dùguò *v.*

安全度过 / 度过假期 spend

●我在这个美丽的小山村度过了无拘无束的童年时光。

堆 duī *v. & m.w.*

一堆 / 堆雪人 / 堆沙子 pile up; pile

●冬天雪很大，可以堆雪人，打雪仗，在雪地里赛跑。

多余 duōyú *adj.*

多余的商品 / 多余的人 surplus, unwanted

●跑步是消耗多余能量的好方法之一。

发言 fāyán *v.*

准备发言 / 举手发言 / speak, deliver a speech

发言人

● 我明天要在总结会上发言，但我还是觉得自己准备得不够。

罚款 fákuǎn *v. & n.*

罚款五百 / 交通罚款 / 被罚款 fine; fine

● 司机刚才被罚款了。

仿佛 fǎngfú *adv.*

as if

● 这个世界仿佛一下子就安静下来了。

疯狂 fēngkuáng *adj.*

疯狂训练 / 疯狂的世界 crazy

● 山洪咆哮着，像一群受惊的野马，从山谷里疯狂奔出来，势不可挡。

妇女 fùnǚ *n.*

一个妇女 / 妇女节 woman

● 一个妇女看到老人还没吃饭，就想请他到自己家去吃饭。

改进 gǎijìn *v.*

改进技术 / 积极改进 improve

● 你觉得哪方面需要改进？

概念 gàiniàn *n.*

抽象的概念 / 概念简单 concept, idea

● 今天的物理课讲了重力的概念。

格外　géwài　*adv.*

格外好 / 格外美丽　exceptionally

●今天的天气格外晴朗。

公开　gōngkāi　*adj.*

公开的事情 / 公开处理　open

●这次大赛本着公开、公平的原则进行。

恭喜　gōngxǐ　*v.*

恭喜你 / 恭喜发财　congratulate

●真的吗？太了不起了。恭喜你！

固定　gùdìng　*v. & adj.*

固定的想法 / 固定的位置 / 固定住　fix; fixed

●我总是和固定的几个好朋友一起玩。

挂号　guàhào　*v.*

去医院挂号 / 挂号费　register at a hospital

●你应该去皮肤科看看，请去那边挂号。

光滑　guānghuá　*adj.*

皮肤很光滑 / 光滑的表面　smooth, glossy

●结了冰的马路很光滑，走路时要小心。

广大　guǎngdà　*adj.*

广大的世界 / 广大地区 / 广大群众　vast, extensive

●华北和东北广大地区的人们都特别喜欢喝花茶。

国王 guówáng *n.*

king

●那位年轻的国王为了国家的稳定亲自率军北伐，剿灭叛军。

哈 hā *interj.*

aha

●哈，我的驾照拿到了，以后再也不用挤公交了。

合法 héfǎ *adj.*

合法的要求 / 合法权利 legal

●国家依法保护每个公民的合法权益。

猴子 hóuzi *n.*

一只猴子 monkey

●猴子在树上跳来跳去，又灵活又轻巧。

呼吸 hūxī *v.*

呼吸正常 / 呼吸困难 breathe

●一个人只要活着就需要呼吸。

壶 hú *n.*

一壶水 / 水壶 pot, bottle

●早上，沏一壶茶，叫几笼点心，这才是广州人的生活方式。

怀念 huáiniàn *v.*

怀念奶奶 / 怀念过去 cherish the memory of

●我怀念儿时的生活，也怀念儿时的朋友。

挥 huī *v.*

挥动 / 挥手告别 wave

●小刘挥着手跟我们道别。

伙伴 huǒbàn *n.*

我的伙伴 / 一个伙伴 pal, partner

●没有诚信，你将很快失去伙伴，失去朋友，你只能成为孤家寡人。

极其 jíqí *adv.*

极其艰苦 / 极其遥远 extremely

●我们面临着极其繁重的工作任务。

记忆 jìyì *n.*

过去的记忆 / 美好的记忆 / 记忆中 memory

●在我小时候的记忆里，冰糖葫芦是最美味的食物。

纪念 jìniàn *v. & n.*

纪念奶奶 / 留纪念 / 纪念品 commemorate; souvenir

●毕业时，同学们互相题词，留做纪念。

甲 jiǎ *n.*

first, first of the ten Heavenly Stems

甲乙 / 甲方

●由于良好的管理和业绩，我公司已获得各总承包单位、监理公司和甲方的一致好评。

建设 jiànshè *v.*

努力建设 / 建设家乡 construct, build

● 他决定毕业后回去建设家乡。

酱油 jiàngyóu *n.*

一瓶酱油 / 倒酱油 soy sauce

● 晒干后的西红柿香味很浓，可以添加到酱油、沙拉或汤中。

交换 jiāohuàn *v.*

交换物品 / 互相交换 exchange

● 商品交换可以互通有无，促进经济发展。

胶水 jiāoshuǐ *n.*

一瓶胶水 / 有胶水 / 用胶水 glue

● 你有胶水吗？可不可以借我用一下？

戒指 jièzhi *n.*

一枚戒指 / 交换戒指 / 金戒指 ring

● 这枚戒指的红宝石四周镶嵌了一圈儿小钻石，非常漂亮。

紧急 jǐnjí *adj.*

紧急情况 / 紧急处理 urgent

● 他非常善于处理紧急情况。

军事 jūnshì *n.*

军事活动 / 军事专家 military affairs

● 孙子在军事方面很有研究。

均匀 jūnyún *adj.*

分布均匀 / 涂抹均匀 even, well-distributed

- 我们厂生产的真丝色泽均匀，质地特别好。

砍 kǎn *v.*

砍树 / 砍倒 cut down

- 他用斧头把大树砍倒，将树干砍凿成一条极其简易的小船。

克 kè *m.w.*

一克盐 / 重 500 克 gram

- 世界卫生组织建议成年人每天摄入不超过 5 克盐，过多摄入盐会增加慢性疾病风险。

客观 kèguān *adj.*

客观事实 / 客观经验 objective

- 客观时间并不会因为我们的主观感觉变快或变慢。

夸 kuā *v.*

夸人 / 夸这夸那 praise

- 邻居都夸小明聪明、能干、懂事。

夸张 kuāzhāng *adj.*

表情夸张 / 夸张的效果 exaggerated

- 她昨天的表演极其夸张。

辣椒 làjiāo *n.*

吃辣椒 / 辣椒水 hot pepper

● 四川人特别喜欢吃辣椒。

烂 làn *adj.*

烂在水里 / 烂在地下 rotten, decayed

● 你买走的那两盆花，不要勤浇水，如果浇水勤了，花的根部就会慢慢发霉，最后烂掉。

老实 lǎoshi *adj.*

不老实 / 老实人 honest, well-behaved

● 王爷爷是一个老实憨厚的庄稼人。

梨 lí *n.*

一个梨子 / 吃梨 / 梨汁 pear

● 秋天应该多吃点儿梨。

连续 liánxù *v.*

连续五次 / 连续举办 go on continuously

● "五月天"将连续举办两场演唱会，现在已经开始售票了。

流泪 liú lèi *v.*

感动得流泪 / 她流泪了 shed tears

● 这个走遍天涯海角的人流泪了，他终于发现，原来这个世界上最宝贵的便是自己的家。

低频

描写 miáoxiě *v.*

描写生活 / 用心描写 depict, portray

● 科幻小说中，那些超越时空的描写把我们带到了神奇的世界。

嗯 èn *interj.*

● 嗯，是有点儿问题，我重新弄吧。 oh, well

农村 nóngcūn *n.*

农村生活 / 回到农村 country, rural area

● 农村也开始重视旅游业的发展了。

农业 nóngyè *n.*

重视农业 / 农业发展 agriculture

● 发展农业生产是直接关系到国计民生的大事。

赔偿 péicháng *v.*

赔偿我 / 赔偿十万元 / 要求赔偿 compensate

● 他的父母要求额外的赔偿。

片面 piànmiàn *adj.*

非常片面 / 片面的观点 lopsided

● 考虑问题要全面周到，切忌主观片面。

飘 piāo *v.*

飘下来 / 飘起雨 float, flutter

● 傍晚时分，天空中突然飘起了大朵的

雪花。

平安 píng'ān *adj.*

一路平安 / 平安到达 / 平平安安 safe

●一路平安，到家记得给我打电话。

平衡 pínghéng *n. & adj.*

平衡车 / 保持平衡 balance; balanced

●滑雪时我才发现自己根本就不知道怎么停止，怎么保持平衡。

破坏 pòhuài *v.*

造成破坏 / 破坏环境 damage

●汽车不仅耗费了大量的能源，也对环境造成了严重的破坏。

汽油 qìyóu *n.*

一升汽油 / 汽油的价格 gasoline

●近几年，汽油价格的浮动特别大。

前途 qiántú *n.*

美好的前途 / 没有前途 / 前途远大 future, prospect

●你有没有考虑你孩子的前途？

悄悄 qiāoqiāo *adv.*

悄悄走了 / 悄悄离开 quietly

●春天到了，小草悄悄地钻出地面。

瞧 qiáo *v.*

瞧一下 / 快瞧 look at

●快瞧，孩子们开始上台表演了。

切 qiē *v.*

用刀切 / 用力切 / 切开食物 cut

●中国餐桌上的食物几乎都不需要用刀切。

亲切 qīnqiè *adj.*

感到亲切 / 亲切的老师 cordial, close

●王老师总是亲切地和孩子们说话。

青春 qīngchūn *n.*

青春年少 / 保持青春 youth

●改革开放使古老的中国焕发了青春。

轻视 qīngshì *v.*

被轻视 / 轻视他人 contempt

●永远不要轻视你自己和其他人。

娶 qǔ *v.*

娶妻 / 嫁娶 marry (a woman)

●王阳娶了刘丽为妻。

圈 quān *n.*

一圈 / 几圈 / 转圈 circle

●她在跑最后一圈时仍然劲头很足。

劝 quàn *v.*

劝告 / 劝他 / 劝说 try to persuade

●她经常劝她的丈夫不要喝酒。

热爱 rè'ài *v.*

保持热爱 / 热爱生活 love dearly

●虽然他依然热爱写作，但他最终还是决定：放弃写作，改向钢笔书法进军！

日程 rìchéng *n.*

今日日程 / 日程安排 schedule, agenda

●我已经把日程全都安排好了。

如今 rújīn *n.*

nowadays

●昔日荒无人烟的大沙漠，如今变成了繁华的石油城。

洒 sǎ *v.*

洒水 / 洒下来 spill, shed

●厨房的地怎么这么湿？水洒了？

上当 shàngdàng *v.*

上当了 / 上当受骗 be fooled

●昨天我差点儿就上当受骗了。

身材 shēncái *n.*

好身材 / 身材苗条 stature, figure

●她苗条的身材让人特别羡慕。

神话　shénhuà　*n.*

一个神话 / 神话传说 / 古代神话　fairy tale

● 这部电视剧取材于一个神话传说。

声调　shēngdiào　*n.*

愉快的声调 / 声调很高　tone

● 母亲以一种十分愉快的声调对他说了一句话。

狮子　shīzi　*n.*

一头狮子 / 狮子王　lion

● 大草原上，狮子正紧紧地追赶着一群羊。

实话　shíhuà　*n.*

说实话 / 实话实说　truth

● 我说的都是实话。

手指　shǒuzhǐ　*n.*

一根手指　finger

● 每次我举起手，伸出一个手指，阿姨就会马上动手，做好一个煎饼，等我放好自行车后过去拿。

输入　shūrù　*v.*

输入密码 / 不断输入　input

● 请您再次输入密码。

丝毫　sīháo　*adj.*

丝毫没有 / 丝毫不动　slight, a bit

低频

●学习要持之以恒，不能有丝毫松懈。

私人 sīrén *n.*

私人物品 / 私人领地 private

●日记本来是私人物品，自己写给自己看。

台阶 táijiē *n.*

一个台阶 / 坐在台阶上 steps, staircase

●他扶着哥哥在台阶上坐下。

坦率 tǎnshuài *adj.*

说话坦率 / 坦率的性格 frank

●她说话从来都很坦率。

提纲 tígāng *n.*

一个提纲 / 写提纲 outline

●我昨天写了个提纲。

体会 tǐhuì *v. & n.*

切身体会 / 体会深 learn from experience; experience

●我儿子刚开始学滑雪的时候，最大的体会就是停不下来。

体贴 tǐtiē *v.*

体贴别人 / 体贴妈妈 be considerate

●他是一个特别温柔体贴的男人。

团 tuán *m.w.*

(measure word for sth. in the shape of a ball)

一团火 / 一团烟雾

● 多心的人总喜欢东想西想，结果被困在一团思绪的乱麻中，动弹不得。

歪 wāi *adj.*

歪着头 / 歪了 not straight, crooked

● 你看看这幅画是不是挂歪了？

维修 wéixiū *v.*

维修空调 / 免费维修 repair

● 长途旅行之前，他把车彻底维修了一遍。

胃口 wèikǒu *n.*

没胃口 / 胃口不错 appetite

● 他今天的胃口很不错。

文明 wénmíng *n. & adj.*

讲文明 / 中华文明 / 文明城市 / 文明人 civilization; civilized

● 山西位于黄河中游，黄土高原的东部，是中华民族文明的发祥地之一。

吸取 xīqǔ *v.*

吸取营养 / 吸取教训 draw, assimilate

● 人们从这次事故中吸取了沉痛的教训。

相关 xiāngguān *v.*

不相关 / 相关的人 / 相关的事 be related

● 请同学们把相关的词语找出来。

心脏 xīnzàng *n.*

健康的心脏 / 心脏病 heart

● 做心脏手术确实有一定的风险。

形容 xíngróng *v.*

无法形容 / 形容景色 / 形容一个人 describe

● 人们常常用"人杰地灵"来形容江南，这足以说明这里地方好、人才多。

性质 xìngzhì *n.*

活动性质 / 性质不同 nature, quality

● 我想你误解了这个活动的性质。

延长 yáncháng *v.*

延长时间 / 延长比赛 prolong, extend

● 这次促销活动延长至月底。

腰 yāo *n.*

腰扭了 / 腰疼 waist

● 听说你跳舞扭到腰了，医生怎么说？

移民 yímín *v.*

想移民 / 移民美国 immigrate

● 这个酒吧是我和我朋友合开的，他要移民，我也想暂时休息一段时间。

乙 yǐ *n.*

second, second of the ten Heavenly Stems

甲乙 / 乙方

● 甲、乙双方今天已达成协议。

英俊 yīngjùn *adj.*

handsome

高大英俊 / 英俊的小伙子

● 我叔叔是一个英俊潇洒的青年。

英雄 yīngxióng *n.*

hero

英雄传说 / 人民英雄

● 英雄的豪言壮语激励我们前进。

应付 yìngfù *v.*

deal with

无法应付 / 应付压力

● 选手们将如何应付强大的心理压力呢？

拥抱 yōngbào *v.*

hug

拥抱生活 / 拥抱世界 / 互相拥抱

● 如果你给生活一个真诚的拥抱，整个世界都会给予你温暖。

游览 yóulǎn *v.*

tour, visit

游览风景 / 游览长城

● 这里独特的风景是很值得我们游览的。

在乎 zàihu *v.*

care about

不在乎 / 在乎你 / 在乎朋友

● 你说他什么他都不会在乎的。

摘 zhāi *v.*

摘苹果 / 摘下来 pick

● 晚饭后她喜欢去果园摘新鲜的水果。

窄 zhǎi *adj.*

很窄 / 窄窄的路 narrow

● 他们俩没走几步，就看见围墙上有个又窄又矮的门。

展开 zhǎnkāi *v.*

展开故事 / 展开图画 / 全面展开 unfold, open up

● 《清明上河图》全图可分为三大段落，按照展开的次序，首先是汴京郊外的景物，接着是大桥及汴河两岸的繁忙景象，后段则描绘了汴京市区的街景。

招待 zhāodài *v.*

热情招待 / 招待客人 receive, entertain

● 谢谢你们的招待，相信我们的合作会很愉快。

低频

争论 zhēnglùn *v.*

激烈争论 / 争论对错 argue

● 讨论会上，同学们各抒己见，争论不休。

整齐 zhěngqí *adj.*

很整齐 / 非常整齐 / 整齐的商品 neat, orderly

● 商店里整齐地摆着一排排商品。

秩序 zhìxù *n.*

秩序井然 / 维护秩序 / 公共秩序 order

● 诚信是维系企业秩序和可持续发展的重要条件。

重大 zhòngdà *adj.*

重大消息 / 重大错误 / 重大问题 significant, major

● 董事长，我今天犯了如此重大的错误，您为何不把我开除或降职呢？

逐渐 zhújiàn *adv.*

逐渐长大 / 逐渐独立 gradually

● 总是批评孩子会导致孩子低估自己的能力，逐渐变得胆小、自卑和依赖他人。

专心 zhuānxīn *adj.*

做事专心 / 专心的学生 concentrated

● 你做事情一定要专心。

装修 zhuāngxiū *v.*

remodel (a building, room, etc.)

装修房子 / 装修的成本

● 那我们就按照他的这个方案装修吧。

撞 zhuàng *v.*

bump into, meet by accident

撞门 / 撞到人 / 撞倒东西

● 一天中午，我刚要出去吃饭就迎头撞上老板。

自由 zìyóu *n. & adj.*

追求自由 / 自由的人 freedom; free

●放飞笼中的小鸟吧，让它获得自由。

组成 zǔchéng *v.*

组成团队 / 组成队伍 constitute, make up

●这所大学是由三个学院组成的。

最初 zuìchū *n.*

first, initial

●据说最初的乒乓球其实是英国人发明的一项饭后运动。

尊敬 zūnjìng *v.*

尊敬老师 / 受人尊敬 revere, respect

●这位工程师很受人们尊敬。

作为 zuòwéi *v. & prep.*

不作为 / 有所作为 act as; as

●你要正确地估计形势，抓住现在，才能有所作为。

唉 āi *interj.*

alas

●本来周六我和爸爸妈妈约好去郊游的，可爸爸却突然要临时加班，唉！计划泡汤了，真是遗憾！

报到 bàodào *v.*

去报到 / 报到处 register, check in

●你先去人事部报到，有人会告诉你怎么

办理的。

播放　bōfàng　*v.*

播放音乐 / 播放电影 / 连续播放　broadcast

● 一天，电视里在播放足球比赛，丈夫坐在电视机前一动也不动，妻子跟他说话他也好像没有听到。

不安　bù'ān　*adj.*

不安的心情 / 感到不安　worried, disturbed

● 他一天到晚惹是生非，闹得四邻不安。

财产　cáichǎn　*n.*

个人财产 / 保护财产 / 财产安全　property

● 因为火灾，他的财产损失了不少。

操场　cāochǎng　*n.*

操场上　playground

● 这几天我路过操场，有两次都看到你在那儿打篮球。

测验　cèyàn　*v. & n.*

做测验 / 心理测验 / 测验结果　test; test

● 一位心理学家找来几个孩子进行一项心理测验。

车库　chēkù　*n.*

一个车库 / 地下车库 / 车库里　garage

● 对不起，地上没有车位了，地下车库还

有，下去后向左拐就是。

彻底 chèdǐ *adj.*

不够彻底 / 彻底失败 thorough

●她这次被彻底打败了。

尺子 chǐzi *n.*

一把尺子 / 用尺子量 ruler

●小明买了一把新尺子，却被小芳不小心折断了。

翅膀 chìbǎng *n.*

一对翅膀 / 展开翅膀 wing

●小鸡问妈妈，我们也有一对翅膀，但为什么不能像鹰那样高高地飞在蓝天上呢？

出口 chūkǒu *v.*

出口商品 / 出口服装 / 进出口贸易 export

●中国是世界上最大的纺织品服装生产国和出口国。

低频

除非 chúfēi *conj.*

●除非他们得了癌症，否则他们一点儿也不想了解有关癌症的知识。 unless

除夕 chúxī *n.*

过除夕 New Year's Eve

●每年我都和他共度除夕。

次要 cìyào *adj.*

次要人物 / 次要问题 secondary

●这是你的第一份工作，挣多少钱是次要的，主要还是要积累经验。

单元 dānyuán *n.*

一个单元 / 单元房 / 第五单元 unit, section

●他住的是高档小区，每个单元都有专门的前台、保洁和保安。

道德 dàodé *n. & adj.*

讲道德 / 道德教育 / 没有道德 morality; moral

●他满口的仁义道德，却专干坏事。

等于 děngyú *v.*

be equal to

●你这样做等于拿鸡蛋碰石头，太自不量力了。

滴 dī *m.w.*

一滴水 / 一滴泪 / 一滴滴 drop

●回想起那场车祸，一滴滴冷汗从我的额头一直往下流。

点心 diǎnxin *n.*

吃点心 / 一份点心 / 美味的点心 dessert, refreshments

●我听说广东的点心很有名。

电台 diàntái *n.*

电台主播 / 电台节目 / broadcasting station

低频

听电台

●我要听电台广播了，别打扰我。

钓 diào *v.*

钓鱼 / 钓到 fish, angle

●昨天上午我去钓鱼，钓到了一条大鱼。

蹲 dūn *v.*

蹲下来 / 蹲下身子 squat, crouch

●这时，母亲蹲下身子，以一种特别愉快的声调对他说："瞧，宝贝儿，气球的妈妈叫它回家吃饭了，你还不赶快和它说再见！"

朵 duǒ *m.w.*

(measure word for flowers, clouds, etc.)

一朵花 / 一朵白云 / 朵朵白云

●她把孩子的裤子脱下来，用彩线在破洞上绣了朵漂亮的小红花，好像那里原本就有一朵花一样。

躲藏 duǒcáng *v.*

●你打算去哪里躲藏？ hide oneself

恶劣 èliè *adj.*

恶劣的环境 / 恶劣的条件 vile, very bad

●这朵不起眼的小黄花在如此恶劣的气候下顽强地盛开着。

法院 fǎyuàn *n.*

一个法院 / 地方法院 court of law

●地方法院没有接受她的离婚申请。

方 fāng *adj.*

方形 / 方块儿 square

●这个世界其实是圆的，不是方的。

妨碍 fáng'ài *v.*

不妨碍 / 妨碍别人 obstruct, hinder

●你不要在这里妨碍别人工作。

分手 fēnshǒu *v.*

break up

●她和她男朋友分手了。

辅导 fǔdǎo *v.*

辅导作业 / 辅导孩子 tutor

●妈妈每天都在家里辅导我做作业。

改革 gǎigé *v.*

改革现状 / 高考改革 / 不断改革 reform

●早就改革了，高考成绩出来之后才能填志愿。

感想 gǎnxiǎng *n.*

有个感想 / 比赛感想 / 感想很多 thoughts, reflections

●对于上午的比赛，你有什么感想？

干活儿 gànhuór *v.*

在干活儿 / 喜欢干活儿 work, labor

●没有人喜欢一直干活儿。

钢铁 gāngtiě *n.*

钢铁大桥 / 钢铁般的意志 iron and steel

●鸭绿江上有一座钢铁大桥很有名。

高档 gāodàng *adj.*

高档餐厅 / 高档品牌 / 十分高档 high-grade

●林肯汽车是第一个以总统的名字命名的品牌，是专为总统和国家元首生产的高档轿车。

告别 gàobié *v.*

告别朋友 / 挥手告别 bid farewell to

●他正在向我挥手告别。

个别 gèbié *adj. & adv.*

个别学生 / 个别人员 rare; individually

●老师一下午都在找学生们进行个别谈话。

工业 gōngyè *n.*

工业革命 / 工业建设 / 发展工业 industry

●工业革命促进了生产力的发展。

公主 gōngzhǔ *n.*

小公主 / 美丽的公主 / 公主病 princess

●女儿是我们家的小公主。

贡献 gòngxiàn *n. & v.*

做贡献 / 贡献很大 contribution; contribute

●他为我们国家做出了巨大的贡献。

乖 guāi *adj.*

乖乖的 / 乖孩子 obedient, well-behaved

●一位妈妈说："我的孩子不乖，这让我很生气！"

拐弯 guǎiwān *v.*

向左拐弯 take a turn

●他们正拐弯时，小王赶上了他们。

观念 guānniàn *n.*

不同的观念 / 陈旧的观念 concept

●每个地区的水土环境、人文环境都不一样，人们的生活方式、风俗习惯和思想观念也就随之而改变。

官 guān *n.*

做官 / 官方 officer, official

●老张为官公正廉洁，深受老百姓爱戴。

光临 guānglín *v.*

grace the occasion with one's presence

欢迎光临

●欢迎光临！请问您有预订吗？

低频

广场 guǎngchǎng *n.*

广场舞 / 中心广场 / 天安门广场 — public square

● 早上八点，一个小伙子步入地铁站旁边的小广场，打开小提琴的盒子，将盒子放在脚下，扔了几块钱进去，面对着来来往往的上班族开始演奏起来。

果实 guǒshí *n.*

一颗果实 / 胜利果实 / 结了很多果实 — fruit

● 果实全都从树上掉了下来。

海关 hǎiguān *n.*

通过海关 / 海关检查 — customs

● 你们的行李通过海关检查了吗？

何况 hékuàng *conj.*

更何况 / 何况这样 — let alone

● 老师连我都不认识，何况是你？

后背 hòubèi *n.*

back

● 在战场上，他的后背中箭了。

化学 huàxué *n.*

学习化学 / 化学课 — chemistry

● 我们初中开始学习化学。

灰 huī *n. & adj.*

灰裤子 / 灰色书包 — gray; gray

●黑、灰两种颜色是职场的常见色系。

灰尘 huīchén *n.*

吸入灰尘 / 很多灰尘 dust

●灰尘飘浮在空中，让人感觉很不舒服。

汇率 huìlǜ *n.*

高汇率 / 汇率下降 exchange rate

●欧元的汇率在逐渐下降。

活跃 huóyuè *adj.*

活跃的孩子 / 表现活跃 active

●这个女孩儿是我们班最活跃的学生。

纪录 jìlù *v. & n.*

世界纪录 / 新纪录 record; record

●他完美地打破了世界纪录。

纪律 jìlǜ *n.*

遵守纪律 / 学校纪律 discipline

●每个学生都应该遵守学校的纪律。

假设 jiǎshè *v.*

做一个假设 / 乱假设 suppose

●不要假设孩子和你有一样的想法，也不要急着先去表达你自己的想法，孩子的想象力常常是我们望尘莫及的。

嫁 jià *v.*

嫁人 / 嫁给他 (of a woman) marry

● 你愿意嫁给他吗？

艰巨 jiānjù *adj.*

无比艰巨 / 艰巨的任务 arduous

● 这是一项非常艰巨的任务。

键盘 jiànpán *n.*

新键盘 / 键盘坏了 / 敲键盘 keyboard

● 我的键盘坏了，我想买一个新的。

节省 jiéshěng *v.*

节省时间 / 节省空间 save, economize

● 为了节省时间，这些活儿大家均摊了吧。

金属 jīnshǔ *n.*

金属材料 / 重金属 metal

● 那个金属镜框看起来很漂亮。

进口 jìnkǒu *v.*

进口食品 / 进口材料 import

● 这家餐厅一直都是从国外进口食材。

舅舅 jiùjiu *n.*

(maternal) uncle

● 这个月底我舅舅要来，我得去机场接他。

捐 juān *v.*

捐钱 / 捐衣服 / 募捐 donate

●这个年轻人捐了很多钱。

决心 juéxīn *n.*

下决心 / 有决心 / 决心改正 determination

●任何困难和挫折都动摇不了我们的决心。

开水 kāishuǐ *n.*

烧开水 / 倒开水 boiled water

●只有在开水里，茶叶才能舒展开，散发出浓郁的香气。

看不起 kànbuqǐ *v.*

看不起人 / 看不起他 look down upon

●如果对方看都不看你一眼，则表示他根本就看不起你。

看望 kànwàng *v.*

看望朋友 / 看望病人 visit, call on

●今天晚上我们打算去看望一位住院的朋友。

空闲 kòngxián *adj.*

空闲时间 / 空闲房屋 leisurely

●爷爷退休之后不是应该有很多空闲时间吗？

昆虫 kūnchóng *n.*

一只昆虫 / 昆虫世界 insect

● 到了秋天，北雁南飞，活跃在田间草地里的昆虫也都销声匿迹了。

冷淡 lěngdàn *adj.*

态度冷淡 / 对人冷淡 indifferent, cold

● 不要责备别人冷淡，有时其实是你的态度吓退了别人。

恋爱 liàn'ài *v. & n.*

谈恋爱 / 恋爱故事 be in love; romance

● 如果说春天是恋爱的季节，那夏天就是分手的季节？

零件 língjiàn *n.*

一堆零件 / 零件厂 part, component

● 你怎么把这些零件都堆在这儿啊？

领域 lǐngyù *n.*

擅长的领域 / 科学领域 domain, field

● 改革开放使各个领域都得到了突飞猛进的发展。

漏 lòu *v.*

漏水 / 漏雨 / 漏下来 leak

● 每次下雨，我们家屋顶就漏雨。

录音 lùyīn *v. & n.*

正在录音 / 听录音 / 一段录音 / 录音机 record; recording

● 那个讲座我录音了，你要听吗？

逻辑 luójí *n.*

没有逻辑 / 逻辑很强 logic

● 你这是什么逻辑？

馒头 mántou *n.*

蒸馒头 / 一个馒头 steamed bun

● 我小时候从来没有吃过米饭，只吃过面条和馒头。

贸易 màoyì *n.*

中美贸易 / 贸易关系 trade

● 我们的目标是进一步巩固两国贸易关系。

眉毛 méimao *n.*

我的眉毛 / 眉毛很长 eyebrow

● 她美中不足的是眉毛太淡。

媒体 méitǐ *n.*

媒体行业 / 媒体信息 / 各类媒体 media

● 知名画家热心地向媒体推荐他认为有潜力的青年画家。

煤炭 méitàn *n.*

煤炭能源 / 煤炭燃烧 coal

●煤炭也是一种能源。

蜜蜂 mìfēng *n.*

蜜蜂采蜜 / 小蜜蜂 bee

●一只小蜜蜂在房间里飞来飞去。

名牌 míngpái *n.*

名牌商品 / 名牌货 famous brand

●生活在中国，我强烈意识到名牌对人们的影响无处不在。

命令 mìnglìng *v.*

命令别人 / 执行命令 order

●接到出警命令，消防队员火速赶到了现场。

摩托车 mótuōchē *n.*

一辆摩托车 / 骑摩托车 motorbike

●哥哥骑着摩托车风驰电掣，一会儿就到达了目的地。

名 míng *n.*

名字 / 姓名 name

●你爸爸叫什么名字？

内部 nèibù *n.*

内部人员 / 内部消息 interior

●这个地方只有内部人员才可进入。

内科 nèikē *n.*

内科医生 / 消化内科 / 看内科 internal medicine

● 消化内科，挂号费八块。

嫩 nèn *adj.*

嫩叶 / 很嫩的肉 soft, tender

● 微风轻轻地吹，暖暖的阳光覆盖着大地，小草在阳光的沐浴下吐出了嫩嫩的小芽。

浓 nóng *adj.*

浓汤 / 浓浓的味道 strong, dense

● 在这里出售书籍和笔墨纸砚的店铺比较多，因此形成了较浓的文化氛围。

盼望 pànwàng *v.*

盼望回家 / 盼望亲人 look forward to

● 他总是盼望着回到家里与妻子和孩子们团聚。

培训 péixùn *v. & n.*

培训学生 / 进行培训 / 专业的培训 / 培训计划 train; training

● 我们这些员工已经经过技术培训了。

匹 pǐ *m.w.*

(measure word for horses, mules, etc.)

一匹马 / 一匹布

● 这匹光滑的丝绸是杭州出产的。

低频

拼音 pīnyīn *n.*

学拼音 / 看拼音 / 拼音课 pinyin

● 为了给孩子们的阅读带来更多乐趣和方便，书中还配有大量插图和汉语拼音。

平 píng *adj.*

平面 / 很平的桌面 / 不平的路 flat

● 汽车在凹凸不平的路上晃荡着，使人感到要吐。

平等 píngděng *adj.*

平等对待 / 关系平等 equal

● 我们应该平等地对待每个孩子。

迫切 pòqiè *adj.*

迫切需要 urgent

● 他迫切地想得到这份工作。

低频

气氛 qìfēn *n.*

营造气氛 / 气氛很浪漫 atmosphere

● 节日里到处呈现出一片祥和欢乐的气氛。

枪 qiāng *n.*

一把枪 / 手枪 / 枪手 gun

● 携带枪支在某些国家是合法的。

强烈 qiángliè *adj.*

强烈的要求 / 强烈的眼光 strong, intense

● 赤道地区，尽管阳光的照射特别强烈，

但白天气温很少超过35℃。

青 qīng *adj.*

青色 / 青菜 dark blue

●青出于蓝而胜于蓝。

人民币 rénmínbì *n.*

●这份贸易合同上规定余额以人民币结算。 renminbi

杀 shā *v.*

杀人 / 杀死 kill

●一段时间后，草原上的狼被杀光了，没被杀的也都逃走了。

扇子 shànzi *n.*

一把扇子 / 摇扇子 fan

●中国古代的扇子特别精美。

商业 shāngyè *n.*

商业价值 / 商业区 / 商业合作 business

●他十分渴望成为商业精英，不惜任何代价。

蛇 shé *n.*

一条蛇 / 毒蛇 snake

●在一个寒冷的冬天，有位农夫在路边看到一条快要被冻死的蛇。

身份 shēnfèn *n.*

我的身份 / 个人身份 / 身份证 identity

● 发电子邮件时，如果对方不认识你，首先应当说明自己的身份——姓名或你代表的企业名，以示对对方的尊重。

生动 shēngdòng *adj.*

生动的形象 / 描写得十分生动 vivid

● 虽然《清明上河图》里的人物形体微小，但个个生动形象，极富情趣。

绳子 shéngzi *n.*

一根绳子 / 系绳子 rope

● 他用绳子把箱子捆好。

省略 shěnglüè *v.*

省略结果 / 省略句 omit, leave out

● 省略这几段文字，可以使全篇文章显得更加紧凑。

湿润 shīrùn *adj.*

有点儿湿润 / 空气湿润 / 湿润的气候 moist

● 那个地方温暖湿润，四季分明，雾天较多，一年四季都可以去玩。

使劲儿 shǐjìnr *v.*

exert all one's strength

● 儿子拾起一只海星，使劲儿把它抛回海里。

首 shǒu *m.w.*

(measure word for poems, songs, etc.)

一首歌 / 一首曲子

●我弹了几首钢琴名曲。

数 shǔ *v.*

数一下 / 数数 count

●每天放羊回来，他都要数一数羊的数量。

税 shuì *n.*

交税 / 税收 tax

●唐朝的税收得特别低。

丝绸 sīchóu *n.*

丝绸之路 / 丝绸服装 / 光滑的丝绸 silk

●这匹光滑的丝绸是杭州出产的。

讨价还价 tǎojià-huánjià *v.*

●我爸爸从来不跟别人讨价还价。 bargain

痛快 tòngkuai *adj.*

痛快地玩 / 吃个痛快 delighted, to one's heart content

●联欢会上，同学们又唱又跳，玩儿得真痛快。

退 tuì *v.*

退回 / 退货 / 退还 move back

●这批产品粗制滥造，质量很不好，必须全部退货。

外交 wàijiāo *n.*

开展外交 / 外交部门 / 外交官 diplomacy

●你如果在外交部门会大有前途。

玩具 wánjù *n.*

一个玩具 / 玩具车 / 玩儿玩具 toy

●孩子看到玩具都会变得特别疯狂。

王子 wángzǐ *n.*

一个王子 / 王子和公主 prince

●无论你是王子还是流浪儿，只要你愿意，就能为自己的人生确立一个目标。

围绕 wéirào *v.*

围绕主题 / 围绕项目 / 围绕这个地方 center on

●公司已经围绕这个项目制订了一个比较全面的计划。

尾巴 wěiba *n.*

长尾巴 / 小狗的尾巴 / 摇尾巴 tail

●小狗一直朝着主人摇尾巴。

握手 wòshǒu *v.*

一一握手 / 互相握手 shake hands

●他们二人从此握手言和，过去的恩恩怨怨也一笔勾销。

屋子 wūzi *n.*

干净的屋子 / 一间屋子 / 屋子里 house

●家里突然停电了，屋子里一片漆黑。

瞎 xiā *v.*

瞎了 be blind

●他在战争中被子弹打瞎了一只眼睛。

显然 xiǎnrán *adj.*

●这件事显然是你的不对。 clear, obvious

想念 xiǎngniàn *v.*

想念家人 / 想念美食 miss

●我很想念我的家人。

消极 xiāojí *adj.*

过于消极 / 消极的想法 / 消极对待 negative

●对于眼前这些困难，我们不能裹足不前，消极等待，而应积极想办法去克服才对。

小麦 xiǎomài *n.*

收割小麦 / 小麦成熟 wheat

●农民们正在热火朝天地抢收小麦。

斜 xié *adj.*

斜着 / 有点儿斜 / 斜坡 slanting

●嗯，这幅画是有点儿斜，我重新弄一下吧。

写作 xiězuò *v.*

热爱写作 / 写作能力 write

●自从有了这个理想之后，小刘每天都坚持写作。

行人 xíngrén *n.*

●行人、车辆都要遵守交通规则。 passer-by

形状 xíngzhuàng *n.*

各种形状 / 形状不同 shape

●如今，汽车的形状已经有了很大改进。

学问 xuéwen *n.*

有学问 / 学问很多 knowledge, learning

●这位学者一看就很有学问。

夜 yè *n.*

黑夜 / 一夜 / 夜晚 / 日日夜夜 night

●小明夜里没睡好觉，上课直打瞌睡。

低频

一辈子 yíbèizi *n.*

●祖父生不逢时，在贫困中挣扎了一辈子。 lifetime

亿 yì *num.*

一亿个 / 十亿年 one hundred million

●研究发现，早在两亿多年前，海龟就出现在地球上了。

义务 yìwù *n.*

有义务 / 尽义务 duty, obligation

● 赡养老人是子女应尽的义务。

迎接 yíngjiē *v.*

迎接客人 / 热情地迎接 welcome

● 为了迎接运动会，运动员正加紧训练。

用功 yònggōng *adj. & v.*

用功读书 / 用功学习 hardworking; work hard

● 他学习非常用功，所以成绩一直很好。

油炸 yóuzhá *adj.*

油炸食品 / 油炸鸡腿 fried

● 少吃油炸食品，那都是垃圾食品，对健康没什么好处。

玉米 yùmǐ *n.*

种玉米 / 吃玉米 corn

● 玉米具有非常高的营养价值。

原料 yuánliào *n.*

制作原料 / 原料不足 raw material

● 这种商品的制作原料特别便宜。

圆 yuán *n. & adj.*

圆形 / 圆圆的太阳 circle; round

● 以前，人们根据月亮的圆缺来判断天气。

乐器 yuèqì *n.*

一种乐器 / 学乐器 / 演奏乐器 musical instrument

●笛子是中国最具特色的吹奏乐器之一。

灾害 zāihài *n.*

自然灾害 / 发生灾害 disaster

●我们一定要采取有效措施，最大限度地减轻灾害损失。

粘贴 zhāntiē *v.*

粘贴画 / 复制粘贴 stick, paste

●你只需要点右键，选复制，然后把它粘贴在这个文件夹里就行了。

长辈 zhǎngbèi *n.*

一位长辈 / 尊敬长辈 senior, elder

●尊敬长辈是中华民族的传统美德。

召开 zhàokāi *v.*

召开会议 / 成功召开 hold, convene

●明天召开全校教职工大会。

哲学 zhéxué *n.*

学习哲学 / 哲学家 philosophy

●哥哥对哲学产生了浓厚的兴趣。

诊断 zhěnduàn *v.*

做出诊断 / 诊断书 / 诊断结果 diagnose

●他的病昨天被诊断为癌症。

振动 zhèndòng *v.*

手机振动 / 振动翅膀 vibrate

●请您将手机调成振动状态。

睁 zhēng *v.*

睁开 / 睁大眼睛 open one's eyes wide

●他只是睁大眼睛看着孩子。

证件 zhèngjiàn *n.*

个人证件 / 证件照 credentials, certificate

●请带好您的相关证件到海关接受安检。

政治 zhèngzhì *n.*

讲政治 / 政治课 politics

●他对政治特别感兴趣。

直 zhí *adj.*

直线 / 笔直 / 直直的路 / 站直了 straight

●这条线画得不是很直。

指挥 zhǐhuī *v.*

指挥交通 / 指挥战斗 / 进行指挥 direct, conduct

●飞机在天空中是按照规定的方向飞行的，飞行过程要受到地面管理人员的指挥。

制度　zhìdù　*n.*

新制度 / 制度改革 / 打破制度　system, regulation

● 通常情况下，制度只告诉我们不该做什么，只有文化才能够告诉我们该做什么。

竹子　zhúzi　*n.*

一根竹子　bamboo

● 翠绿的竹子是大熊猫最喜欢的食物。

主观　zhǔguān　*adj.*

主观感觉 / 主观看法　subjective

● 客观时间并不会因为我们的主观感觉而变快或变慢。

主任　zhǔrèn　*n.*

李主任 / 年级主任　director

● 李主任出去吃饭，没有带手机，一直联系不上。

主席　zhǔxí　*n.*

国家主席 / 主席台　chairperson, president

● 在会议上，主席欣然接受了我们的建议。

主张　zhǔzhāng　*n. & v.*

个人主张 / 主张和平　view; advocate

● 许多父母在教育孩子时往往都有自己的主张，而且都非常有道理。

煮 zhǔ *v.*

煮菜 / 煮熟 boil

● 每到农历腊月初八，家家户户都要煮腊八粥。

祝福 zhùfú *v.*

祝福朋友 / 得到祝福 / 美好的祝福 bless, wish

● 新郎新娘得到了大家的美好祝福。

抓 zhuā *v.*

抓到 / 抓起来 / 用手抓 catch

● 警察根据现场找到的蛛丝马迹进行分析追踪，终于抓到了小偷。

抓紧 zhuājǐn *v.*

抓紧时间 / 抓紧机会 grasp firmly

● 这件事刻不容缓，你要抓紧时间去办。

专家 zhuānjiā *n.*

生物专家 / 专家建议 expert, specialist

● 张教授是著名的脑外科专家，在本市有很高的名望。

转变 zhuǎnbiàn *v.*

转变态度 / 转变想法 / 马上转变 change

● 转变人们的传统观念并非易事。

转告 zhuǎngào *v.*

转告他 / 尽快转告 convey, pass on

●麻烦你转告他，星期四再来一次。

装饰 zhuāngshì *v. & n.*

装饰房子 / 装饰品 decorate; ornament

●新年这天，我们把教室装饰得五彩缤纷。

状况 zhuàngkuàng *n.*

紧急状况 / 天气状况 condition, situation

●夜晚星星的多少和当时的天气状况有着十分密切的关系。

状态 zhuàngtài *n.*

理想状态 / 状态很好 condition, state of affairs

●只有怀着一颗积极向上的心，才能以最佳的状态投入到学习和工作当中去，才能取得理想的成绩。

追 zhuī *v.*

追逐 / 拼命追 chase, run after

●这些孩子总是追来追去，嬉戏打闹，吵得不得了。

追求 zhuīqiú *v.*

追求自由 / 追求幸福 pursue, seek

●工厂生产不能只顾追求数量，更要追求质量。

咨询 zīxún *v.*

咨询意见 / 咨询专家 consult

● 有什么不懂的事情可以向专业人士咨询一下。

姿势 zīshì *n.*

保持姿势 / 奇怪的姿势 posture

● 你们快看呀，那只乌龟的姿势太逗了。

资格 zīgé *n.*

取消资格 / 考试资格 / 比赛资格 qualifications

● 我的比赛资格被教练取消了。

资金 zījīn *n.*

一笔资金 / 资金不足 fund, capital

● 国家投入大量资金改善农村中小学的办学条件。

资料 zīliào *n.*

一份资料 / 整理资料 / 全部资料 data, material

● 爸爸一边查资料一边做笔记。

资源 zīyuán *n.*

资源丰富 / 旅游资源 / 浪费资源 resources

● 山西的旅游资源非常丰富。

紫 zǐ *adj.*

紫色 / 大红大紫 purple

●我最喜欢的颜色是紫色。

自从 zìcóng *prep.*

自从你来了 from, since

●自从城市出现后，它就成了人类生活的中心。

自动 zìdòng *adv.*

自动回答 / 自动操作 / 全自动 automatically

●研究者发现，五六个月的胎儿在母亲体内感受到光源时，他（她）就会自动转向光源。

自豪 zìháo *adj.*

感到自豪 / 自豪的表情 proud of

●她考上了清华大学，她妈妈特别自豪。

自觉 zìjué *adj.*

conscious, on one's own initiative

不自觉 / 很自觉 / 自觉遵守

●天价招牌的冲击力果然不同一般，每个从这里路过的人似乎都不自觉地停住脚步看上一两眼。

自私 zìsī *adj.*

非常自私 / 自私的人 selfish

●她是一个非常自私的人。

字幕 zìmù *n.*

中文字幕 / 一行字幕 subtitle

●别担心，现在的京剧都配有字幕，你就再去体验一回吧。

综合 zōnghé *v.*

综合能力 / 综合表现 / 综合意见 comprehensive

●任何一家公司在招聘时都会注意到一个人的综合能力。

总裁 zǒngcái *n.*

公司总裁 / 总裁秘书 president, CEO

●一个优秀的企业总裁被记者问道："如果接到一个不合理的退货要求，你的销售员会如何处理？会给这个顾客退货吗？"

总共 zǒnggòng *adv.*

总共两人 / 总共五元 altogether, in total

●人生总共有多少年？年轻人一定要珍惜时间啊！

总算 zǒngsuàn *adv.*

总算来了 / 总算结束了 finally, at last

●总算把所有的活儿干完了，可把我累坏了。

总之 zǒngzhī *conj.*

in a word

●童年是什么？是树上的蝉，是水中的蛙，是牧笛的短歌，是伙伴的迷藏……总之，童年是无忧无虑的，幸福美好的。

阻止 zǔzhǐ *v.*

阻止进入 / 阻止意外 / 无法阻止 prevent, stop

●地震是一种自然现象，目前人类还不能阻止它的发生。

组 zǔ *m.w.*

一组 / 一组照片 / 一组数据 / 组员 / 组长 set, group

●有时候，你拍了一组照片，本来不打算拍了，后来又随便拍了两张，谁知道，效果最好的其实就是最后拍的那两张。

组合 zǔhé *n. & v.*

一个组合 / 组合起来 / 组合成型 combination; combine

●他们俩的组合可谓是相得益彰。

醉 zuì *v.*

喝醉 / 喝醉酒 be drunk

●我爸爸喝醉了。

作品 zuòpǐn *n.*

一部作品 / 作品集 works

●写小说的人总是害怕作品重复，为了不重复，他们创作的时间一次比一次长。

作文 zuòwén *n.*

写作文 / 一篇作文 / 作文水平 composition, writing

●我特别想提高我女儿的作文水平。

超低频词汇

哎 āi *interj.*

oh, hey

❶哎，别把凳子碰倒了！
❷哎，明天早点儿来啊！

熬夜 áoyè *v.*

天天熬夜 / 熬夜学习 / 熬夜工作 stay up late

❶我们熬夜等他回来吗？
❷熬夜对身体不好。

报道 bàodào *v.*

报道比赛 / 报道新闻 / 前方报道 report

❶所有的报纸都报道了法国队对意大利队的足球比赛。
❷很多电视台都报道了这件事。

鞭炮 biānpào *n.*

放鞭炮 / 鞭炮声 firecracker

❶春节到了，小孩子们都喜欢放鞭炮。
❷你听得见远处的鞭炮声吗?

冰激凌 bīngjīlíng *n.*

吃冰激凌 / 巧克力冰激凌 ice-cream

❶孩子们吵着要吃冰激凌。
❷她非常喜欢吃冰激凌。

册 cè *m.w.*

一册书 volume, copy

❶初一语文上册我们已经学完了。
❷这本书的知识点全面，讲解详细，学生们人手一册。

叉子 chāzi *n.*

一把叉子 / 用叉子 fork

❶勺子与叉子，是每个人都会用到的金属餐具，而这些将不再会在美国生产。
❷她不会用叉子。

抄 chāo *v.*

抄写 / 抄课文 / 抄答案 copy

❶他把书中的两段话抄在笔记本上。
❷把这一页抄到你的笔记本上。

超级 chāojí *adj.*

超级好 / 超级喜欢 / 超级市场 super

❶这条街通向超级市场。
❷她超级喜欢吃水果。

潮湿 cháoshī *adj.*

潮湿的地方 / 潮湿的路面 / 潮湿的空气 wet, humid

❶一条蛇在潮湿的地上慢慢爬行。
❷住在潮湿地区的人易患风湿病。

炒 chǎo *v.*

炒菜 / 炒青菜 / 炒肉片 stir-fry

❶我用热油炒土豆时总是加少许洋葱。
❷空气中弥漫着炒洋葱的味道。

称呼 chēnghu *n. & v.*

一种称呼 / 称呼朋友 form of address; call

❶我该怎么称呼你？
❷别称呼我的姓，叫我汤姆就行了。

池塘 chítáng *n.*

一个池塘 / 大池塘 / 池塘里 pond

❶这个池塘在冬天常常结冰。
❷池塘里有很多鱼。

迟早 chízǎo *adv.*

迟早成功 / 迟早完成 sooner or later

❶我们迟早会成功的。
❷他迟早要为他的行为付出代价。

臭 chòu *adj.*

好臭 / 臭味 smelly

❶房间怎么这么臭？
❷天气太热，早上买的肉都臭了。

初级 chūjí *adj.*

初级汉语 / 初级水平 junior, elementary

❶刚开始做这份工作时，我是初级秘书。
❷他在学习初级英语。

词汇 cíhuì *n.*

初级词汇 / 汉语词汇 / 词汇表 vocabulary

❶这部词典能帮助我们理解英语词汇。
❷这篇课文有很多新词汇。

粗糙 cūcāo *adj.*

表面粗糙 / 粗糙的手 rough

❶她的手很粗糙。
❷你的手怎么这么粗糙？

大厦 dàshà *n.*

一座大厦 mansion, large building

❶这里有很多大厦。
❷他带我们到大厦各处参观。

大象 dàxiàng *n.*

一头大象 / 大象鼻子 elephant

❶突然有一头大象出现在我们眼前。
❷我看见一头大象在河边喝水。

当心 dāngxīn *v.*

要当心 / 当心感冒 / 当心生病 be careful

❶当心别生病了。
❷当心，那条狗会咬人。

岛屿 dǎoyǔ *n.*

一座岛屿 / 很多岛屿 island

❶我们在海上继续航行了一周，最后终于看见了一座岛屿。
❷这些是中国的岛屿。

冻 dòng *v.*

冻住 / 冻起来 / 冻坏了　freeze

❶小河冻起来了，你可以看见冻在冰里的鱼。
❷穿多点儿衣服，别冻坏了。

对比 duìbǐ *v.*

对比价格 / 很难对比　compare, contrast

❶很多父母总喜欢拿自己家的孩子跟别人家的孩子对比。
❷对比一下这两件衣服，看看有什么不同。

兑换 duìhuàn *v.*

兑换人民币 / 兑换奖品 / 无法兑换　convert, exchange

❶请问你要兑换什么货币？
❷请帮我把美元兑换成人民币。

吨 dūn *m.w.*

一吨重 / 一吨水　ton

❶这批货物的重量是 10 吨。
❷这个月我们用了 3 吨水。

耳环 ěrhuán *n.*

一对耳环 / 戴耳环　earring

❶这是我买的新耳环，漂亮吗？
❷这对耳环多少钱？

发抖 fādǒu *v.*

气得发抖 / 全身发抖　shiver, shake

❶她冷得发抖。
❷听了这话，他气得发抖。

肥皂 féizào *n.*

一块肥皂 / 用肥皂洗手 / 肥皂泡泡 soap

❶这种肥皂多少钱？
❷这种肥皂味道很香。

废话 fèihuà *n. & v.*

一句废话 / 说废话 nonsense; talk nonsense

❶我不想听你说废话。
❷请不要说那么多废话。

否认 fǒurèn *v.*

否认事实 / 没有否认 deny

❶他没有否认这个事实。
❷他否认做过这件事。

概括 gàikuò *v.*

概括内容 / 概括思想 / 简单概括 summarize

❶你能概括这篇文章的内容吗？
❷她把这篇文章的主要内容都概括出来了。

姑姑 gūgu *n.*

(paternal) aunt

❶我的姑姑非常疼爱我。
❷我的姑姑是老师。

骨头 gǔtou *n.*

一根骨头 / 一把骨头 / 肉骨头 bone

❶他瘦得只剩下一把骨头了。

❷你喜欢吃肉骨头吗？

鼓舞 gǔwǔ *v. & adj.*

鼓舞人心 / 鼓舞大家 inspire; encouraging

❶成功能鼓舞人们去做新的努力。
❷他的精神鼓舞着我们。

鼓掌 gǔzhǎng *v.*

热烈鼓掌 / 鼓掌欢迎 clap one's hands

❶观众向这位著名的钢琴家热情地鼓掌。
❷听说小王要唱歌，同学们高兴地鼓掌欢迎。

管子 guǎnzi *n.*

一根管子 pipe

❶他手里拿着一条长长的管子。
❷水从管子里流出来。

光明 guāngmíng *adj.*

一片光明 / 光明的未来 bright

❶太阳给我们带来光明。
❷前途是光明的，道路是曲折的。

归纳 guīnà *v.*

归纳起来 / 归纳知识 generalize

❶请把这篇文章的意思归纳一下。
❷他将老师说的话归纳成三点。

规矩 guīju *n. & adj.*

讲规矩 / 规矩很多 / rule; well-behaved

做事的规矩 / 遵守规矩

❶这里的规矩是这样的。
❷我不知道这孩子是否守规矩。

锅 guō *n.*

一口锅 / 新锅 **pot**

❶他把锅洗干净了。
❷这是你新买的锅吗？

好客 hàokè *adj.*

热情好客 / 好客的人 **hospitable**

❶中国人很好客。
❷那人十分好客，无论是他的朋友还是同事，他都盛情款待。

核心 héxīn *n.*

核心人物 / 核心思想 / 公司核心 **core**

❶这是他的核心信念之一。
❷父亲是我们家的核心人物。

胡说 húshuō *v.*

不要胡说 / 胡说什么 / 胡说八道 **talk nonsense**

❶别胡说，不是这样的。
❷你在胡说些什么？

蝴蝶 húdié *n.*

一只蝴蝶 / 美丽的蝴蝶 **butterfly**

❶蝴蝶飞落在花朵上。
❷蝴蝶飞走了。

花生 huāshēng *n.*

一颗花生 / 种花生 / 吃花生 peanut

❶看电视时，我妻子喜欢吃一些花生。
❷这颗花生很大。

怀孕 huáiyùn *v.*

怀孕了 / 怀孕三个月 be pregnant

❶她怀孕三个月了。
❷你怀孕了吗？

火柴 huǒchái *n.*

一包火柴 / 卖火柴 match

❶你能帮我买一包火柴吗？
❷桌子上有一包火柴。

急诊 jízhěn *n. & v.*

emergency treatment; receive emergency treatment

看急诊 / 挂急诊 / 急诊医生

❶爸爸带我去看急诊。
❷你发烧了，赶紧去看急诊吧。

集合 jíhé *v.*

全体集合 / 集合地点 gather, assemble

❶老师叫全班同学在操场集合。
❷明天我们七点在学校门口集合，你不要迟到。

夹子 jiāzi *n.*

一个夹子 / 用夹子 clip, folder

❶这是我新买的夹子。

❷你能借给我一个夹子吗？

坚决 jiānjué *adj.*

坚决支持 / 坚决的态度 firm, determined

❶我坚决支持你的决定。
❷他坚决要一个人去旅游。

艰苦 jiānkǔ *adj.*

艰苦的生活 / 条件艰苦 hard, arduous

❶一份艰苦的工作需要耐心。
❷那时候，人们的生活很艰苦。

兼职 jiānzhí *n.*

做兼职 / 找兼职 / 兼职工作 part-time job

❶她每天晚上都去做兼职。
❷我想找一份兼职。

剪刀 jiǎndāo *n.*

一把剪刀 / 用剪刀剪开 scissors

❶你有剪刀吗？
❷请把剪刀递给我，谢谢！

戒 jiè *v.*

戒烟 / 戒毒 / 戒不掉 give up, abstain from

❶他戒烟了。
❷大家都叫他把烟戒了。

近代 jìndài *n.*

近代历史 / 近代作家 modern times

❶这是近代物理学的两个巨头：爱因斯坦

和波尔。
❷他是近代著名的作家。

经商 jīngshāng *v.*

经商多年 engage in trade

❶他们经商十几年了。
❷我父母是经商的。

救护车 jiùhùchē *n.*

一辆救护车 / 叫救护车 ambulance

❶赶紧叫救护车，她晕倒了。
❷救护车快来了。

据说 jùshuō *v.*

it is said that

❶据说她是一个胆小鬼。
❷据说他家很有钱。

卡车 kǎchē *n.*

一辆卡车 / 开卡车 / 卡车司机 truck

❶她爸爸是一个卡车司机。
❷一辆大卡车从她面前开过。

朗读 lǎngdú *v.*

朗读课文 / 朗读比赛 / 大声朗读 read aloud

❶同学们在大声地朗读课文。
❷在一次朗读比赛中，他的女儿得了第一名。

劳驾 láojià *v.*

劳驾您 excuse me

❶劳驾把这张凳子拿走。
❷劳驾，我想买一个汉堡包。

老百姓 lǎobǎixìng *n.*

ordinary people

❶我们都是老百姓。
❷老百姓的生活越来越好了。

老婆 lǎopo *n.*

wife

❶他老婆很漂亮。
❷这是我老婆。

老鼠 lǎoshǔ *n.*

一只老鼠 / 老鼠洞

rat, mouse

❶房间里有一只老鼠。
❷老鼠跑得很快。

雷 léi *n.*

打雷 / 雷声

thunder

❶打雷了，要下雨了。
❷雷声很大，她很害怕。

类型 lèixíng *n.*

各种类型 / 类型不同

type, kind

❶你喜欢什么类型的女孩子？
❷他喜欢看各种类型的书。

联合 liánhé *v.*

联合大家 / 联合起来 / 联合战斗

unite

❶这两个国家联合起来一致对敌。
❷在斗争中大家联合起来了。

列车 lièchē *n.*

一趟列车 / 列车员 train

❶他坐上了去北京的列车。
❷这是他第一次乘坐这趟列车。

铃 líng *n.*

打铃 / 铃声 bell

❶铃声响了。
❷他在打铃。

龙 lóng *n.*

神龙 / 龙年 / 属龙 / 龙的传人 dragon

❶今年是龙年。
❷我属龙，你呢，你属什么？

敏感 mǐngǎn *adj.*

心思敏感 / 敏感的话题 sensitive

❶我们最好避开这个敏感的话题。
❷她这个人比较敏感。

模特儿 mótèr *n.*

model

❶她是个模特儿。
❷你能帮我找一个模特儿吗？

木头 mùtou *n.*

一块木头 / 木头家具 wood

❶木头在水中不会沉没。
❷他就像一根木头一样。

目录　mùlù　*n.*

打开目录／书本目录　content, catalogue

❶我们来看一下这本书的目录。
❷请打开目录。

念　niàn　*v.*

念书／念名字／大声念　read, study

❶同学们都在念书。
❷这个字怎么念？

宁可　nìngkě　*adv.*

宁可不要／宁可不吃／宁可加班　would rather

❶我宁可工作，也不想在家。
❷我宁可一夜不睡觉，也要把这本书看完。

欧洲　Ōuzhōu　*n.*

去欧洲／欧洲国家　Europe

❶我想去欧洲旅游。
❷你去过欧洲吗？

披　pī　*v.*

披上衣服／披上围巾　drape over one's shoulder

❶赶紧把衣服披上。
❷他披着一件黑色大衣。

平方　píngfāng　*n.*

一个平方　square meter

❶取暖费是按建筑面积多少平方来收取的。
❷你家的房子有多少平方？

亲爱 qīn'ài *adj.*

亲爱的 / 亲爱的朋友 dear

❶我忘不了我亲爱的朋友们。
❷亲爱的，我爱你。

青少年 qīngshàonián *n.*

一个青少年 / 青少年时期 teenagers

❶这是一个关于青少年的节目。
❷青少年是祖国的未来。

燃烧 ránshāo *v.*

燃烧起来 / 燃烧的火炬 burn

❶这名飞行员从燃烧的飞机上往下跳伞。
❷大火燃烧起来了。

日历 rìlì *n.*

一本日历 / 旧日历 calendar

❶现在，很少有人用纸质的日历了。
❷你能帮我买一本日历吗?

商务 shāngwù *n.*

商务汉语 / 商务英语 / 商务活动 business

❶你学过商务汉语吗?
❷这是商务英语书。

设施 shèshī *n.*

娱乐设施 / 设施齐全 facilities

❶我们城市需要更多的娱乐设施。
❷这个房子设施齐全，我很喜欢。

时差 shíchā *n.*

倒时差 / 时差反应 / 有时差 jet lag, time difference

❶时差反应是每一个国际旅行者可能遇到的问题。
❷由于时差原因，为了能跟世界各国的人通话，我要在办公室等到很晚。

似的 shìde *part.*

just like

❶他很喜欢你似的。
❷他不理我，好像他以前从未见过我似的。

试卷 shìjuàn *n.*

一张试卷 / 交试卷 test paper

❶试卷答完了，一定要仔细检查。
❷你们现在必须把试卷交上来。

梳子 shūzi *n.*

一把梳子 / 新梳子 comb

❶这是我新买的梳子。
❷我在商店买了一把梳子。

撕 sī *v.*

撕菜叶子 / 撕纸 / 撕烂 tear

❶他把那张画撕成两半。
❷她把他的支票撕成两半退了回去。

搜索 sōusuǒ *v.*

搜索资料 / 搜索信息 search

❶在长时间的搜索中，他意外发现了一封

旧信。
❷你可以用电脑搜索这些信息。

随身 suíshēn *adj.*

随身带着 taking sth. with oneself

❶她随身带着水。
❷出门要随身带着身份证。

桃 táo *n.*

吃桃子 / 水蜜桃 peach

❶我喜欢吃的水果有桃、梨、苹果等。
❷这个桃子又大又甜，很好吃。

淘气 táoqì *adj.*

很淘气 / 淘气的孩子 naughty

❶淘气的孩子们向路过的汽车扔雪球。
❷那个小男孩儿非常淘气。

特征 tèzhēng *n.*

共同的特征 / 特征明显 characteristic

❶这个特征使她与姐姐有所区别。
❷有些动物具有人类的特征。

土地 tǔdì *n.*

中国的土地 / 土地辽阔 land, territory

❶我们终于夺回了被敌人占领的土地。
❷中国土地辽阔，资源丰富。

吐 tǔ/tù *v.*

吐痰 / 吐血 / 吐出来 / 乱吐 spit out, throw up

❶不要随地吐痰。
❷他把早晨吃的东西全都吐了出来。

外公 wàigōng *n.*

(maternal) grandfather

❶外公家世代行医，不知为多少病人解除了病痛。
❷她的外公是老师。

违反 wěifǎn *v.*

违反规则 / 违反纪律 / 不能违反 violate

❶不要违反交通规则。
❷你不能干这事，这是违反命令的。

文具 wénjù *n.*

一盒文具 / 买文具 stationery

❶我给学生准备了文具、糖果等作为礼物。
❷文具店里有各种各样的文具。

吻 wěn *v. & n.*

接吻 / 亲吻 / 吻上 kiss; kiss

❶她吻了他一下，然后快速跑开了。
❷他偷偷地吻上她的脸。

问候 wènhòu *v.*

问候家人 / 亲切问候 / 转达问候 extend greetings to

❶帮我问候一下你的母亲。
❷请转达我对他的问候。

勿 wù *adv.*

勿吵 / 请勿喧哗 not, never

❶请勿吸烟。
❷请勿大声喧哗。

戏剧 xìjù *n.*

一场戏剧 / 看戏剧 / 戏剧表演 drama

❶梅兰芳是中国有名的戏剧大师。
❷他们在进行戏剧研究。

夏令营 xiàlìngyíng *n.*

参加夏令营 / 夏令营报名 summer camp

❶你要参加这次夏令营吗?
❷我报名参加了这次夏令营。

县 xiàn *n.*

一个县 / 县长 / 县代表 county

❶各县代表都到齐了，会议可以开始了。
❷随着爸爸工作的调动，全家人定居在县城。

香肠 xiāngcháng *n.*

一根香肠 / 烤香肠 / 吃香肠 sausage

❶你喜欢吃香肠吗？
❷我要一根香肠，谢谢！

歇 xiē *v.*

歇一下 / 歇一会儿 rest

❶歇一会儿吧，喝杯茶。
❷你要歇一歇吗?

血 xuè *n.*

流血 / 吐血 blood

❶血从他的嘴角流出来。
❷她的手一直在流血。

胸 xiōng *n.*

胸口 / 胸部 / 胸前口袋 chest

❶孩子把脸贴在母亲的胸前。
❷他感到胸痛。

叙述 xùshù *v.*

叙述故事 / 详细叙述 narrate

❶这种叙述好像是属于另一时代的。
❷这篇文章详细叙述了那件事。

押金 yājīn *n.*

一笔押金 / 交押金 / 退回押金 deposit

❶租房时要求交一个月的房租作押金是很常见的。
❷请把押金退回给我，谢谢！

牙齿 yáchǐ *n.*

一颗牙齿 / 牙齿很白 / 牙齿坏了 tooth

❶他的牙齿非常白。
❷今天早上我拔掉了两颗牙齿。

一律 yílǜ *adv.*

一律无效 / 一律禁止 without exception

❶用铅笔书写的答卷一律无效。
❷假冒伪劣产品一旦查获，一律销毁。

一再　yízài　*adv.*

一再提醒 / 一再强调　again and again

❶我一再跟你说不要玩水，你怎么就是不听话！
❷我一再看他，示意他该走了，可是他却装作没看见。

印刷　yìnshuā　*v.*

印刷作品 / 印刷机　print

❶如发现有印刷错误，请直接寄回印刷厂质检科调换。
❷这本书印刷粗糙，错误百出，一看就是盗版。

影子　yǐngzi　*n.*

我的影子 / 半个影子　shadow

❶在月光下，那棵树投下了长长的影子。
❷我等了半天连个影子也没见到。

硬件　yìngjiàn　*n.*

系统硬件 / 硬件设施　hardware

❶这家公司既经营硬件，又经营软件。
❷这台计算机的问题出在硬件上。

晕　yūn　*v.*

头晕 / 晕倒　faint

❶她一看到自己的血就晕过去了。
❷她饿晕过去了。

着火 zháohuǒ *v.*

森林着火 / 着火的房子 catch fire

❶那座建筑物着火燃烧起来了。
❷他冲进着火的大楼，把人们带出到安全的地方。

照常 zhàocháng *adv.*

一切照常 / 照常工作 / 照常进行 as usual

❶一切照常进行。
❷商场节日期间照常营业。

制造 zhìzào *v.*

中国制造 / 制造产品 manufacture

❶这辆汽车是中国制造的。
❷这家工厂制造飞机。

猪 zhū *n.*

一只猪 / 猪心 / 猪肝 pig

❶他们的猪已经养肥了。
❷这只小猪很可爱。

自愿 zìyuàn *v.*

自愿帮忙 / 自愿接受 volunteer

❶她自愿在学校教书。
❷她自愿接受一项危险的任务。

字母 zìmǔ *n.*

英文字母 / 写字母 letter

❶他用橡皮擦掉了一个错误的字母。

❷这个字母怎么读？

总理 zǒnglǐ *n.*

国家总理 premier, prime minister

❶他是我们国家的总理。
❷今天泰国总理来我国访问。

总统 zǒngtǒng *n.*

国家总统 president

❶总统即将访问英国。
❷总统受到了国会议员的弹劾。

遵守 zūnshǒu *v.*

遵守规则 / 遵守纪律 / 自觉遵守 comply with

❶请遵守交通规则。
❷每个人都应该遵守纪律，你也不能例外。

拼音检索

E

F

G

H

M

N

O

P

Q

R

Z

出 版 人：王君校
策划编辑：张　超
责任编辑：杨　晗
封面设计：深圳市维梦品牌科技有限公司
排　　版：北京颂煜文化传播有限公司
印刷监制：汪　洋

图书在版编目（CIP）数据

新 HSK 分级分频词汇 . 5 级 / 杨莹，孙燕琳主编 . -- 北京：华语教学出版社，2023.12
ISBN 978-7-5138-2484-2

Ⅰ . ①新… Ⅱ . ①杨… ②孙… Ⅲ . ①汉语 – 词汇 – 对外汉语教学 – 水平考试 – 自学参考资料 Ⅳ . ① H195.4

中国国家版本馆 CIP 数据核字 (2023) 第 230549 号

新 HSK 分级分频词汇（5 级）（汉英）

杨莹 孙燕琳 主编

*

华语教学出版社有限责任公司出版
（中国北京百万庄大街 24 号　邮政编码 100037）
电话：(86)10-68320585, 68997826
传真：(86)10-68997826, 68326333
网址：www.sinolingua.com.cn
电子信箱：hyjx@sinolingua.com.cn
唐山玺诚印务有限公司印刷
2024 年（32 开）第 1 版
2024 年第 1 版第 1 次印刷
（汉英对照）
ISBN 978-7-5138-2484-2
005900